GUIDE

GÉNÉRAL

DANS PARIS.

GUIDE

GÉNÉRAL

DANS PARIS.

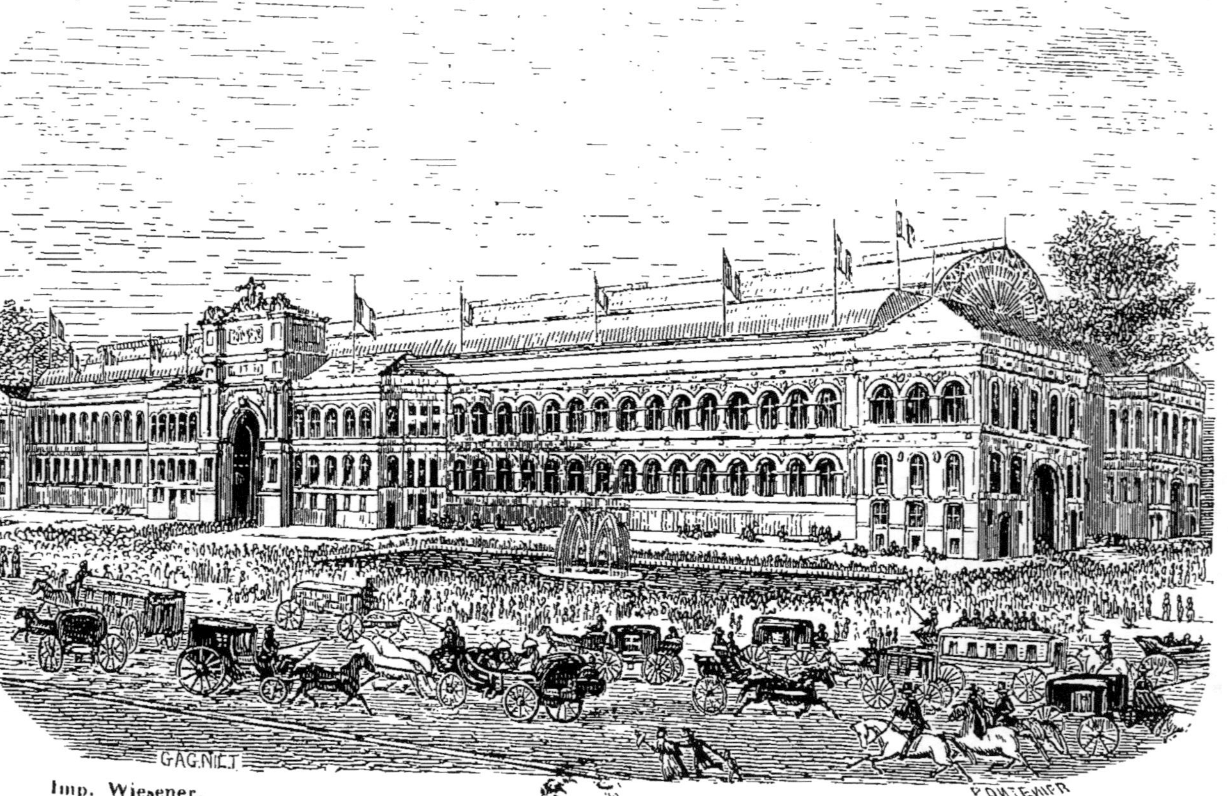

PALAIS DE L'INDUSTRIE

GUIDE

GÉNÉRAL

DANS PARIS

POUR 1855.

SUIVI

D'UNE VISITE A L'EXPOSITION

PARIS,

IMPRIMERIE WIESENER, RUE DELABORDE. 12.

1855.

PRÉFACE.

Notre Guide est sans contredit le plus complet et le plus succinct; il fournit tous les renseignements nécessaires pour habiter fructueusement la Capitale et éviter des recherches qui rendent un tel séjour souvent fatiguant et dispendieux.

La classification méthodique que nous avons adoptée est des plus simples; nous servant de la division de Paris faite par l'administration municipale, nous mettons l'étranger à même de savoir immédiatement où il se trouve, quels monuments ou établissements publics il doit visiter; enfin nous lui indiquons les maisons de commerce auxquelles il peut s'adresser en toute confiance pour les empiettes qu'il a à faire.

Un tableau synoptique placé en tête de chaque arrondissement indique à l'étranger dans Paris, les adresses des magistrats municipaux de la ville, des bureaux de police, des juges de paix, etc.

Nous avons représenté par des vignettes, les principaux édifices et monuments de la Capitale, afin que le voyageur qui, pendant son séjour à Paris, les a visités et admirés, puisse encore en rapporter chez lui une image fidèle, qui lui en rappelle toujours le souvenir. Une notice historique accompagne chaque monument digne d'intérêt, et quoique courte, cette mention indique complètement tout ce qui a rapport, tant au sujet représenté qu'à ceux qui n'ont pu trouver place dans nos dessins.

Enfin c'est le VADE MECUM indispensable de tout voyageur venant visiter Paris.

Imp. Wiesener.

PALAIS DES TUILERIES.

GUIDE GÉNÉRAL

PARIS ET SES ENVIRONS.

IER ARRONDISSEMENT

CHATEAU DES TUILERIES.

Le Château des Tuileries doit son nom à une tuilerie sur l'emplacement de laquelle Des Essarts et de Villeroi bâtirent une maison, qui fut achetée en 1518, par François Ier, pour sa mère, Louise de Savoie. Dix ans plus tard, cette princesse en fit présent à Jean Tiercelin, maître d'hôtel du Dauphin : Catherine de Médicis la posséda ensuite et y fit commencer en 1564, sous la direction de Philibert Delorme et de Jean Bullant, le pavillon du centre, les deux ailes adjacentes et les petits pavillons qui les flanquent de chaque côté. Henri IV fit ajouter par Du Cerceau Duperac, les deux corps de bâtiments qui viennent immédiatement après, et les pavillons de chaque bout, dont l'ordonnance Corinthienne contraste avec les ordres légers employés par Philibert de Lorme. La longue galerie du bord de l'eau qui joint le Louvre au Palais des Tuileries, fut commencée sous Henri IV, et interrompue par la mort de ce roi; les travaux furent repris et terminés sous Louis XIII, qui habita ce palais. Louis XIV fit mettre de l'harmonie et de l'ensemble entre les divers bâtiments qui étaient tous dissemblables; le Veau et d'Arbay, ses architectes, achevèrent ce travail en ajoutant des combles et en retranchant des parties qui gênaient l'ensemble de l'édifice. Louis XIV demeura aux Tuileries jusqu'à l'achèvement du Château de Versailles. Pendant la minorité de Louis XV, le régent habita ce palais. Il ne fut plus occupé par le Souverain jusqu'au retour de Louis XVI, en octobre 1792. En 1808, Napoléon fit bâtir la galerie du Nord pour servir de communication avec le Louvre.

Napoléon premier consul, puis empereur, Louis XVIII, Charles X et Louis-Philippe, habitèrent les Tuileries comme souverains, et le 25 février 1848, l'édifice était décoré du titre pompeux des Invalides civils; au mois de juin de la même année, ce palais fut transformé en hôpital; en 1849, il devint local pour l'Exposition des Tableaux et des Sculptures. Ce n'est qu'en 1851 qu'il reprit un peu de vie et d'éclat, lorsque Louis-Napoléon, alors Président de la République, y installa la résidence du chef du pouvoir.

Ce Palais à 336 mètres de long sur 36 de large; on retrouve dans les différentes parties de cet édifice, le style italien du XVI siècle, les plus beaux restes du style de l'époque de Henri IV. L'étage inférieur présente des colonnes de l'ordre ionique, celles de l'étage au-dessus appartiennent à l'ordre corinthien, celles du troisième étage sont de style composite. Le pavillon du côté de la Seine est appelé pavillon de Flore, celui du côté opposé pavillon Marsan.

Le pavillon de Flore contient les appartements privés des rois de France. L'escalier de ce pavillon conduit aux grands appartements qui contiennent les salles, salons, chambres officielles, où les souverains ont exercé les actes de leurs prérogatives.

Le jardin du palais des Tuileries fut dessiné par le célèbre
Le Nôtre. Il est orné de deux terrasses : l'une, nommée terrasse du bord de l'eau, et qui longe la Seine, l'autre, terrasse
des Feuillants, à cause du couvent qui y était avant 1789.
On remarque dans ce jardin de magnifiques sculptures.

ÉLYSÉE NAPOLÉON.

Ancien Elysée Bourbon, faubourg Saint-Honoré.

Ce palais fut construit en 1718 par Mollet, pour le comte
d'Evreux. Il devint la propriété de la marquise de Pom-
padour et, après sa mort, la résidence des ambassa-
deurs extraordinaires. Plus tard, le fameux Beaujon l'acquit et y dépensa des sommes considérables. Il prit le nom
d'Elysée Bourbon en changeant de propriétaire. La première République en fit une propriété Nationale, et, comme
telle, louée à des entrepreneurs de fêtes publiques. Murat
l'habita depuis 1804 jusqu'à son départ pour Naples.
Napoléon Ier affectionna cette résidence, qui s'appela alors
Élysée Napoléon. Alexandre, empereur de Russie et Wel-
lington l'occupèrent en 1814 et 1815. Louis XVIII en fit
présent en 1816 au duc de Berry qui l'habita. La liste
civile de Louis-Philippe eut ce palais en 1830. En octobre
1848, il devint la résidence du Président de la République,
le prince Napoléon, ne l'a quitté que pour aller habiter les
Tuileries en qualité de souverain.

PALAIS DE L'INDUSTRIE.

Ancien Grand Carré des Champs-Élysées.

Cette vaste construction, élevée par une Compagnie
financière, est destinée aux expositions publiques.

ARC DE TRIOMPHE DE L'ÉTOILE.

L'Arc de Triomphe de l'Étoile fut dédié à la Grande Armée, Napoléon Ier en posa la première pierre, le 15 août 1806, jour anniversaire de sa naissance.

Sculptures, trophées emblématiques :

Façade sur les Champs-Élysées : le Départ (1792), par M. Rudde; et le Triomphe, (1810), par M. Cortot; façade sur l'avenue de Neuilly, la Résistance, (1814), la Paix (1815), par M. Étex.

Bas reliefs :

Les Funérailles de Marceau (1796), par M. Lemaire;

La Bataille d'Aboukir (1798), par M. Serres;

Le Passage du Pont d'Arcole (1796), par M. Feuchères;

La Prise d'Alexandrie (1798), par M. Chaponnière;

La Bataille de Jemmapes (1792), par M. Marochetti;

La Bataille d'Austerlitz (1805), par M. Gechter.

MM. Brun, Caillouette, Jacquot Laitié, Rudde, Seurre aîné, ont représenté sur la frise : à l'est, le Départ des Armées; à l'ouest, le Retour.

L'attique est surmonté de palmettes et de têtes de Méduse; il est en outre orné de trente boucliers, sur chacun desquels est inscrit le nom d'une de nos victoires.

Dans les quatre tympans, sont placées quatre Renommées, dues au ciseau de Pradier.

Sur les murs des voûtes sont gravés les noms de quatre-vingt-seize autres victoires, et ceux de trois cent quatre-vingt-quatre généraux.

Dans le pavage est incrusté une aigle en bronze aux ailes déployées.

De la plate forme de cet immense **Arc** de Triomphe, on jouit d'un magnifique panorama de **Paris**, pris dans sa plus splendide partie. De larges escaliers et de vastes salles contenues dans l'intérieur de l'Arc, conduisent à cette plate-forme.

Imp Wiesener.

ARC DE TRIOMPHE DE L'ÉTOILE.

ARC DE TRIOMPHE DU CARROUSEL.
Place du Carrousel,

Ce petit Arc de Triomphe qui rappelle beaucoup celui de Septime-Sévère et celui de Constantin, fut bâti en 1806, par MM. Percier et Fontaine, et dédié par Napoléon Ier à la gloire des armées françaises. Il est élevé de quinze mètres en hauteur, vingt mètres en largeur, et quatre en épaisseur.

Les colonnes sont en marbre rouge du Languedoc, elles soutiennent l'entablement, et supportent chacune une statue représentant un soldat français. L'arc est surmonté par un char quadrige, œuvre de Bosio. Il remplace aujourd'hui le célèbre quadrige de Venise, que l'empereur avait fait transporter à Paris, et qui en fut enlevé en 1815.

Les bas-reliefs qui décorent cet arc sont :

La Capitulation d'Ulm, par Castelier ;

La Bataille d'Austerlitz, par Parcieux ;

L'Entrée des Français à Vienne, par Deseine ;

Le Retour du Roi de Bavière à Munich, par Ramey ;

La Paix de Presbourg, par Le Sueur et Claudion.

MINISTÉRE DE LA MARINE.
Place de la Concorde.

Les deux magnifiques édifices qui décorent la partie nord de la place de la Concorde, furent bâtis en 1760, sur les dessins de l'architecte Gabriel, à l'imitation de la colonnade du Louvre ; ils sont terminés chacun du côté de la place, par deux pavillons ornés de portiques et formant avant corps. Celui de ces deux édifices le plus rapproché des Champs-Élysées, est actuellement propriété parti-

culière ; l'autre, après avoir été en 1770 le Garde-Meuble
de la couronne, est devenu depuis 1806 le ministère de la
marine.

Entrée, tous les jeudis, de 2 à 4 heures.

MINISTÈRE D'ÉTAT.

*Place du Carrousel dans les bâtiments du Louvre, sur la rue
de Rivoli.*

Entrée, tous les jours.

MINISTÈRE DE LA JUSTICE.

Place Vendôme, et rue de Luxembourg

Entrée, tous les jours de midi à 2 heures.

MINISTÈRE DES FINANCES.

Rue de Rivoli.

Entrée tous les jours de 2 à 4 heures.

LA MADELEINE.

Paroisse du 1ᵉʳ Arrondissement.

Cette magnifique église, une des plus belles imitations
de l'art antique, a éprouvé de nombreuses vicissitudes
avant d'être enfin livrée au culte catholique en 1842. Depuis 1754, jusqu'au jour de son inauguration, ce monument
dont la construction fut résolue par Louis XV, pour faire
face au Palais Bourbon qui venait d'être achevé, fut confié
à la direction de M. Constant d'Ivry ; les plans de ce premier architecte furent modifiés en 1777, par Couture.
Les travaux, suspendus par la révolution, ne furent repris
qu'en 1806, par Napoléon Iᵉʳ, qui, à son tour, changea
la destination de cet édifice. Sur le nouveau plan de l'architecte Vignon, il décida d'en faire un Temple à la Gloire.

Imp. Wiesener.

ÉGLISE DE LA MADELEINE.

Mais sous l'empire, les colonnes seules du Temple furent
élevées ; la restauration lui rendit sa première destination,
sans pourtant en activer les travaux. Ce ne fut qu'en 1836,
sous la direction de M. Huvé, que la Madeleine fut terminée.

Ni les magnifiques sculptures, ni les splendides décorations dont Louis-Philippe l'a orné, n'ont pu lui donner le jour et la forme nécessaires aux églises. Le fronton sculpté par Lemaire, représente le Jugement dernier.
La porte d'entrée toute en bronze, a été sculptée par
M. Triquetti, elle est divisée en dix panneaux représentant
les dix Commandements de Dieu. A l'intérieur, on remarque
l'Exaltation de la Madeleine, œuvre de Marochetti, une
fresque de M. Ziegler, des peintures de MM. Pujol, Thomas
et Gérard ; les sculptures, par MM. Rudde, Foyatier et
Pradier.

SAINT-PIERRE-DE-CHAILLOT.
Rue de Chaillot,

Cette église existait déjà en partie au onzième siècle ;
au dix-septième Louis XIV la fit réparer ; en 1750,
Louis XV fit réédifier la nef et élever le portail. Elle n'offre
que très-peu de détail d'architecture, si ce n'est un Jehovah
sculpté à la voûte du chœur.

SAINT-LOUIS-D'ANTIN.
Rue Caumartin,

Cette église fut commencée par l'architecte Brongniart
en 1780 et achevée en 1782. Le style en est simple et sévère. On remarque à l'intérieur un Saint-François prê-
chant, tableau de Giblin ; Saint Louis visitant les Pesti-
férés, peint par Garnier, et une Crippe en marbre noir,
surmontée d'un vase cinéraire contenant le cœur du comte
de Choiseul Gouffier.

ASSOMPTION.
Rue Saint-Honoré.

L'Assomption a été sous l'Empire, la Restauration, et jusqu'en 1842, la paroisse du 1er arrondissement. Elle est redevenue une simple annexe de la Madeleine depuis l'achèvement de cette dernière.

SAINT-PHILIPPE-DU-ROULE.
Faubourg Saint-Honoré.

Cet édifice, qui date de 1769, fut construit par Chalgrin pour remplacer l'ancienne paroisse du village du Roule, devenu faubourg de Paris. Elle a 52 mètres de long sur 26 de large. La voûte en est construite d'après le procédé de Philibert Delorme.

CHAPELLE BEAUJON.
Faubourg Saint-Honoré.

Ce petit temple est tout ce qui reste de l'ancienne habitation du célèbre financier Beaujon, dont l'hôtel et les jardins, vendus pendant la première révolution, s'étendaient jusqu'à l'Arc de Triomphe de l'Étoile. Sur leur emplacement a été construit le quartier Beaujon, renommé par ses habitations artistiques.

CHAPELLE EXPIATOIRE.
Rue d'Anjou Saint-Honoré et rue de l'Arcade.

Louis XVIII a fait élever une chapelle expiatoire sur l'emplacement où les restes mortels de Louis XVI et de

Marie-Antoinette furent exhumés. Ce monument contient ces précieuses dépouilles. Des prières publiques y sont dites aux jours anniversaires de leurs morts. Il fut achevé sous Charles X.

CHAPELLE DE LA SOCIÉTÉ PROTESTANTE DES MISSIONS ÉVANGÉLIQUES.
Rue de Berlin, n° 7.

CHAPELLE DES FRÈRES MORAVES.
Rue de Bienfaisance, 21.

CHAPELLE ANGLICANE.
Rue Marbeuf, 78, *aux Champs-Élysées.*

CHAPELLE ANGLICANE DE L'AMBASSADE ANGLAISE.
Rue d'Aguesseau, 5.

LYCÉE BONAPARTE (ancien Collége Bourbon).
Rue Caumartin, 67.

Cet établissement impérial est élevé sur une partie de l'ancien couvent des Capucins. Il s'appela en 1800 Lycée Bonaparte; sous la Restauration et Louis-Philippe, Collége Bourbon; depuis 1848, il a repris son premier nom. Il a une sortie sur la rue du Havre. On n'y admet que des externes.

CHAMPS-ÉLYSÉES.

Cette promenade date du commencement du dix-sep-tième siècle, époque à laquelle Marie de Médicis fit planter sur de vastes terrains trois allées parallèles à la Seine, et qui prirent le nom de Cours la Reine. Le Cours la Reine était réservé à la famille royale et à la noblesse, qui ne s'y rendaient qu'en voiture ou à cheval. De nouvelles plantations, faites en 1670, en firent le Grand Cours et plus tard les Champs-Élysées. L'Allée des Veuves fut ainsi appelée parce que pendant longtemps elle fut spécialement affectée à la promenade des dames en grand deuil.

JARDIN DE MONCEAUX.

Ancienne propriété de la famille d'Orléans. Ce jardin, situé rue de Chartres, longeant les murs d'enceinte de Paris, fut planté en 1778 par le duc d'Orléans, connu plus tard sous le nom de Philippe-Égalité.

HOPITAL BEAUJON.
Faubourg Saint-Honoré, 200.

Fondé par le célèbre financier Beaujon en 1784. Il contient quatre cents lits.

BARRIÈRES MONUMENTALES ET HISTORIQUES.

Barrière de Clichy. En 1814, pendant le siège de Paris, il s'est livré une sanglante affaire à cette barrière entre le maréchal Moncey et les alliés.

Barrière des Bons-Hommes. Au bout du quai de Billy; bâtie par Le Roux.

Barrière de l'Étoile. Au bout des Champs-Élysées; bâtie par Le Roux.

MARCHÉS.

Marché de la Madeleine. Emplacement couvert rue Castellane et rue de Sèze. Ouvert tous les jours; belle poissonnerie.

Marché aux Fleurs. Tient les mardis et les vendredis sur la place de la Madeleine.

ABATTOIR DU ROULE.

Bâti en 1810 par Petit-Radel, rue de Miroménil.

FONTAINE DES CAPUCINS.
Au coin de la rue Castiglione et la rue Saint-Honoré.

Construite en 1670 et rebâtie en 1718 sur les terrains des Feuillants.

FONTAINES DE LA PLACE DE LA CONCORDE.
(*Voir* Place de la Concorde.)

PONT D'IÉNA.

Longueur, 155 mètres; largeur, 18. Commencé en 1806 et achevé en 1813, sur les plans de l'ingénieur Lamandé. Il conduit du quai de Billy au Champ-de-Mars. Ce pont, l'un des plus beaux de Paris, est décoré de quatre groupes équestres. En 1815, Blucker, chef de l'armée prussienne, voulut faire sauter ce beau pont, nommé du nom d'une victoire célèbre gagnée par les Français contre les Prussiens. Louis XVIII menaça ce général de se transporter sur le pont avec toute sa maison au moment où il devrait sauter, Blucker n'osa pas donner suite à cet acte de vandalisme, et le pont d'Iéna fut sauvé.

PONT DES INVALIDES.

Récemment reconstruit en pierres pour remplacer un pont suspendu devenu insuffisant. Sa longueur est de 120 mètres; sa largeur de 12. Il mène des Champs-Élysées à l'Esplanade des Invalides et au quartier du Gros-Cailloux.

PONT DE LA CONCORDE.

Ce pont, de 154 mètres de long sur 14 de large, conduit de la place de la Concorde au palais du Corps législatif et au faubourg Saint-Germain. Il fut construit en 1790 par Perronnet avec des pierres qui provenaient de la démolition de la Bastille.

PONT ROYAL.

Il va des Tuileries au quai d'Orsay; 144 mètres de long sur 16 de large; construit en pierres, en 1684, et aux frais de Louis XIV. Il est remarquable par son élégance et sa solidité. Il remplaçait un pont en bois emporté par les glaces. A cet endroit se trouvait le bac qui servait à traverser l'eau et qui a donné son nom à la rue du Bac.

PONT DU CARROUSEL ou DES SAINTS-PÈRES.

Il se compose de trois arches de la plus grande ouverture, ce qui lui donne un caractère de hardiesse remarquable. Il a été bâti en 1834 par M. Polonceau. Jusqu'en 1848, on payait pour passer sur ce pont.

PLACE DE LA CONCORDE.

Comme toutes les parties de Paris qui n'ont été incluses dans l'enceinte de la ville que depuis peu, la place de la Concorde a subi de nombreuses modifications, tant dans ses dénominations que dans ses destinations. Aucune place, sans excepter celle de la Grève, n'offre autant de souvenirs divers renfermés dans un plus court espace de temps.

Il y a cent ans c'était un cloaque fangeux, un vrai coupegorge, qui fut choisi par la ville de Paris pour en faire une place destinée à recevoir une statue équestre de Louis XV.

L'architecte Gabriel en commença les travaux en 1754; ils
ne furent terminés qu'en 1772, en même temps que les
deux édifices qui sont au nord et dont nous avons parlé
(page 11). Cette place s'appelait alors la place Louis XV.
C'est sur la place Louis XV que la Révolution inaugura
ses massacres futurs par celui des Suisses, le 10 août 1790.
La guillotine fut élevée; elle y séjourna deux ans et abat-
tit dix-huit cents têtes. Le roi Louis XVI et Marie-Antoinette y furent exécutés. Elle s'appelait alors la place de
la Révolution. Elle prit le nom de Place de la Concorde
en 1800, alors que Lucien Bonaparte, ministre de l'intérieur, y posa la première pierre d'une colonne destinée
à la gloire des armées françaises.

La Restauration vint, et voulut rétablir la statue de
Louis XV, puis celle de Louis XVI. En 1823, on disait la
place Louis XVI. La révolution de 1830 a évoqué le nom
de place de la Concorde, qui est resté jusqu'à ce jour. En
1836, la ville de Paris y fit exécuter de magnifiques em-
bellissements. Les huit pavillons que Gabriel avait fait
construire servirent de piédestaux aux statues colossales
des principales villes de France. De vastes trottoirs d'asphalte y furent établis, ainsi que des colonnes rostrales
lampadères et de nombreux candélabres alimentés par le
gaz. L'obélisque de Louqsor et les deux fontaines monu-
mentales qui sont au centre en font sans contredit la plus
belle place de l'Europe.

Au bout de cette place et à l'entrée des Champs-Élysées,
furent placés, en 1795, deux groupes magnifiques en marbre, connus sous le nom de chevaux de Marly, et dus au
ciseau de Coustou le jeune.

PLACE VENDOME.

Cette place est ainsi nommée, parce qu'elle fut construite
sur l'emplacement de l'hôtel Vendôme. Elle fut dessinée

par Mansard, et ornée en 1699 d'une statue équestre de Louis XIV. Elle est régulièrement formée par des bâtiments uniformes d'une riche architecture. Elle s'est successivement appelée place des Conquêtes, place Louis-le-Grand, et pendant la Révolution place des Piques, enfin place Vendôme, nom qu'elle conserve.

COLONNE VENDOME.

La place Vendôme a donné son nom à la colonne triomphale qu'y fit ériger Napoléon pour consacrer les exploits des armées françaises pendant la campagne d'Allemagne (1805).

Cette colonne (copiée sur la colonne Trajanne) fut commencée en 1806 et inaugurée en 1810. Elle est haute de 45 mètres sur 4 mètres de diamètre, élevée sur des fondations de 10 mètres de profondeur. Elle est revêtue du bronze de 1,200 canons pris sur l'ennemi.

Une statue de Napoléon en costume impérial, exécutée par Chaudet, surmontait le dôme de la colonne ; cette statue en fut descendue en 1814. En 1833, une autre statue de Napoléon en costume, dit historique (redingote grise) y ut hissée. Elle est l'œuvre de M. Seurre.

RENSEIGNEMENTS UTILES. — IER ARRONDISSEMENT.

MAIRIE JUSTICE DE PAIX.	Rue d'Anjou-Saint-Honoré, 11.	
BUREAUX DE POSTE.	Rue de Sèze, 24. Rue du faubourg Saint-Honoré, 175. Rue de Londres, 33 Rue de Chaillot, 6.	
COMMISSARIATS DE POLICE.	Rue Saint-Nicaise, 1. Passage Sandrier, 7. Rue de Penthièvre, 12. Rue de la Réforme, 31. Rue de la Pépinière, 22.	

Dentelles	Auguste **RICHNER**	Rue Louis-le-Grand, 37.
Chirurgien Dentiste	**HÉNOQUE**	Rue Saint-Honoré, 361.
Médecin Dentiste	Docteur **GION**	Rue de la Paix, 7.
Magasin de blanc	**NEVEU & SOEUR**	Rue Neuve-des-Capucines, 22.
Mercerie, Passementerie	**CAILLET**	Rue Neuve-des-Mathurins, 78.
Parfumeur	**GLUAIS**	Boulevart des Capucines, 21.
Parfumeur	**VOISIN VANIER**	Rue Caumartin, 27.
Parapluies et **Ombrelles**	**GRAVEL**	Rue Royale, 24.
Taverne Anglaise		Chaussée d'Antin, 5.
Taverne Anglaise	**J. WEBER**	Rue Royale, 25.
Denrées provençales	Mme Vve **LECLAIR**	Rue Neuve-des-Capucines, 22

IIME ARRONDISSEMENT.

BIBLIOTHÈQUE IMPÉRIALE.
Rue Richelieu, 58.

Ouverte tous les jours, sauf les dimanches et fêtes, elle est fermée pendant tout le mois de septembre. Elle contient plus d'un million de volumes imprimés, cent mille manuscrits, un million cinq cent mille estampes, un cabinet de médailles et des objets d'antiquité du plus grand intérêt.

Elle fut réellement fondée par Charles V, dit le Sage, qui la plaça dans la tour du Louvre. Après avoir été transportée dans différents locaux, même à Fontainebleau, par François I", elle fut installée en 1722, par ordre du Régent, dans les bâtiments dépendants de l'ancien Hôtel Mazarin, où elle est en attendant un local définitif.

Louis XI, Charles VIII, Louis XII, et surtout François I", peuvent être considérés comme les véritables fondateurs de la Bibliothèque. La Convention en fit un établissement national, en l'enrichissant des dépouilles de tous les couvents supprimés.

Le cabinet de numismatique est d'une richesse incalculable.

ACADEMIE IMPÉRIALE DE MUSIQUE.
Grand Opéra.

L'Opéra donne ses représentations ordinaires les lundi, mercredi et vendredi de chaque semaine. On y représente des opéras et des ballets pantomimes.

L'Académie royale de Danse fut établie par Louis XIV, au mois de mars 1661, en vertu de lettres patentes qui furent enregistrées l'année suivante; parce que, disent ces lettres, l'art de la danse a toujours été reconnu l'un des plus HONNÊTES. Les sieurs Perrin-Chabert et le marquis de Sourdiac, s'associèrent pour diriger ce royal établissement. Lully, Molière, La Fontaine et Quinault, ont travaillé pour l'Opéra. A la mort de Louis XIV, l'Opéra s'appelait déjà Académie Royale de Musique.

Après avoir été dirigé par les menus plaisirs du roi, par la Commune sous la République, par la maison du roi ensuite, l'Opéra devint une entreprise industrielle sous Louis-Philippe, et ce n'est que sous Napoléon III, qu'il est rentré dans les attributions du Ministre d'État.

THÉATRE FRANÇAIS.
Rue Richelieu.

Les acteurs sociétaires du théâtre s'appellent Comédiens ordinaires de Sa Majesté.

La véritable fondation de la Comédie Française, le 25 août 1680, est due à Louis XIV, qui établit Molière et sa troupe au théâtre du Petit-Bourbon; neuf ans plus tard il fut transféré rue de l'ancienne Comédie; ensuite à l'Odéon, puis aux Tuileries. Enfin, le théâtre de la rue Richelieu fut construit en 1787, sur les dessins de l'architecte Louis; on y représente la tragédie, le drame et le répertoire classique. Le foyer du public renferme une série de bustes fort estimés.— Le foyer des artistes contient les portraits des principaux auteurs et acteurs depuis Molière.

THÉATRE IMPÉRIAL DE L'OPÉRA-COMIQUE.
Place Boïeldieu. (Rue Feydeau.)

L'ancien théâtre Feydeau remplissait à sa création le local où se trouve aujourd'hui le Vaudeville. En 1839, il prit possession de la salle qu'il occupe aujourd'hui et qui a été incendiée en 1838, alors que la troupe italienne y donnait ses représentations d'hiver.

La salle de l'Opéra-Comique est une des mieux décorées de Paris.

THÉATRE IMPÉRIAL ITALIEN.
Place Ventadour.

Les premiers comédiens Italiens qui donnèrent des représentations en France, y vinrent sous Henri III, en 1577. Ils s'établirent au Louvre, au théâtre du Petit-Bourbon, que leur concéda le cardinal Mazarin. L'Opéra Italien a été successivement transporté dans divers édifices, à l'Odéon, à la salle Favart, et enfin à la salle Ventadour. Il n'est ouvert que du 1er octobre au 31 mars.

VAUDEVILLE.
Place de la Bourse

Ce théâtre a été ouvert en 1827, sous le titre de Théâtre des Nouveautés. Supprimé depuis, il fut occupé par l'Opéra-Comique. Après l'incendie de la salle de la rue de Chartres, le Vaudeville s'y installa, et y est demeuré.

On y joue des vaudevilles de un, deux et trois actes.

VARIÉTÉS.
Boulevart Montmartre.

Cette petite salle fut construite en 1807, par Célerier. On y jouait alors des pièces populaires et grivoises; aujourd'hui on y représente des vaudevilles.

PALAIS-ROYAL.
Au Palais-Royal.

Ce théâtre ne contient que neuf cents places, il fut fondé en 1798, par Mlle Montansier, dont il prit le nom. Il fut fermé, et rouvert en 1831. On y représente des pièces comiques et bouffonnes.

PRISON DE LA DETTE.
Rue de Clichy, 70.

Cet établissement est spécialement destiné à détenir les débiteurs réputés commerçants; le régime en est doux, chaque détenu est alimenté par son créancier, qui donne trente francs par mois pour la nourriture de son débiteur. Les détenus sont logés séparément, dans un local sain et aéré, ils jouissent autant que possible des améliorations et économies que le système de vie en commun peut procurer.

ABATTOIR MONTMARTRE.
Avenue Trudaine et Barrière Rochechouart.

Bâti en 1811, par Poidevin; il est vaste et fort bien disposé pour les divers services qu'il comprend.

HILDIBRAND ET DUBOIS DEL ET SC.
Imp Wiesener

FONTAINE MOLIÈRE.
Rue Richelieu.

Ce monument a été élevé en 1844, à la mémoire de Molière, au moyen d'une souscription ; il est situé en face
de la maison où ce grand écrivain est mort le 15 février 1673. La statue en bronze a été exécutée par Seurre.
Les deux Muses sont dues au ciseau de Pradier ; l'édifice a
été dessiné par M. Visconti.

PLACE LOUVOIS.

Sur cette place et les bâtiments environnants, s'élevait
jusqu'en 1793, l'hôtel Louvois. Le théâtre de l'Opéra y fut
construit et installé de 1794 à 1820. Le 13 février 1820,
le duc de Berry y mourut assassiné par Louvel.
Louis XVIII y fit ériger une chapelle expiatoire, que la
révolution de Juillet remplaça par une fontaine.

FONTAINE LOUVOIS.

Cette fontaine en fonte est fort élégante, c'est une copie
de l'art renaissance ; elle est dessinée par M. Visconti.

PALAIS-ROYAL.

Ce monument, bâti en 1639, par Jacques Lemercier, pour
le compte du cardinal de Richelieu, s'est appelé Palais-Ri-
chelieu, puis Palais Cardinal.
Richelieu, en mourant, fit au roi Louis XIII, don par
testament de son palais, alors une des merveilles de
Paris. Les poètes du temps, Corneille et Sauval entre

autres, vantent la magnificence de cette demeure princière. Richelieu avait fait construire dans son Palais une salle de spectacle pour y faire représenter la tragédie de Mirame. Tout ce que les arts, le luxe et la profusion peuvent produire de beau et de merveilleux, a été prodigué par le cardinal pour orner son palais.

Après le cardinal de Richelieu, ce beau Palais fut habité, en 1643, par Anne d'Autriche régente, et ses enfants, Louis XIV et le duc d'Orléans; on l'appela alors Palais-Royal. Neuf ans plus tard, la reine d'Angleterre, veuve de Charles I", en devint propriétaire, elle y demeura jusqu'en 1661; alors, il fit retour à la couronne, et Louis XIV le donna à son frère le duc d'Orléans à titre d'apanage, en 1692.

Le duc d'Orléans, Régent de France, habita avec toute a cour ce palais, où, sous la présidence de ce grand débauché, se sont passées tant d'orgies fameuses dans l'histoire.

Le Palais-Royal fut terminé ainsi que les rues de Valois, Beaujolais et Montpensier, en 1780, par le petit-fils du Régent, connu sous le nom de Philippe-Égalité. Pendant la révolution et jusqu'en 1815, ce palais s'est appelé Palais-Égalité, Palais du Tribunat, Palais de la Bourse.

Depuis 1789 jusqu'en 1838, le Palais-Royal a été le lieu des rendez-vous de tout l'univers; enfin l'endroit du monde le plus connu, le plus attrayant, et le plus fécond en drames de toutes sortes. Il est toujours recommandable par ses restaurants et ses magasins de bijouterie.

Il est devenu la résidence du prince Jérôme Napoléon et de son fils.

SAINT-ROCH.

Rue Saint-Honoré, 296.

Cette église fut bâtie en 1653, sur l'emplacement de l'ancien Hôtel Gaillon. Lous XIV en posa la première pierre le 28 mars. L'architecte Lemercier en fit les dessins, et elle fut continuée jusqu'à son état actuel en 1740. Le portail a été dessiné par Robert de Cotte.

L'intérieur de Saint-Roch offre la forme d'une croix latine, derrière le chœur sont placées les chapelles de la Vierge, de la Communion, et enfin celle du Calvaire, la dégradation des jours éclairant ces quatre compartiments, ayant chacun son ornementation spéciale et appropriée à son culte, produit sur l'ensemble un effet des plus imposants.

Pierre Corneille, Mignard, Le Nôtre, madame Deshoullières et le cardinal Dubois, ont été inhumés dans l'église.

Les marches de Saint-Roch sont célèbres par la journée du 13 vendémiaire.

NOTRE-DAME DE LORETTE.
Rue Laffitte.

Cette église construite de 1824 à 1836, par M. Lebas, a été mise sous l'invocation de Notre-Dame-de-Lorette, elle est ornée de peintures murales, qui en recouvrent entièrement l'intérieur. Les tableaux et les sculptures qui la décorent, sont signés par les meilleurs peintres contemporains.

CHAPELLE SAINT-ANDRÉ.
Rue de Provence.

Cette Chapelle a été acquise par les principaux habitants du quartier.

CHAPELLE DE LA TRINITÉ.
Rue de Clichy.

Nouvellement construite pour répondre aux besoins de la population toujours croissante du quartier qu'elle dessert.

CHAPELLE ÉVANGÉLIQUE.
Rue Chauchat.

Établie dans les anciens bâtiments de la Douane, dont la cour couverte forme le vaisseau du temple.

TEMPLE ISRAÉLITE.
(Rite Portugais.)
Rue de Lamartine.

Cet établissement Israélite a été fondé par les principaux co-religionnaires du rite Portugais auquel il appartient.

CONSERVATOIRE IMPÉRIAL DE MUSIQUE.
Faubourg Poissonnière.

Dans cette école, on enseigne gratuitement la musique vocale et instrumentale, et la déclamation.

HOTEL DES VENTES.
Rue Rossini et Rue Drouot.

Ce magnifique Hôtel est la propriété de la société des commissaires-priseurs. On y vend tous les jours de la semaine dans des salles séparées et spéciales, les chefs-d'œuvre de l'esprit et des arts, en même temps que les meubles les plus communs et les plus usuels.

COMPTOIR NATIONAL D'ESCOMPTE.
Rue Bergère.

Établissement fondé par actions en 1848, au capital de quarante millions, on y escompte le papier de Paris et de la province.

BOULEVARTS.

Les boulevarts Poissonnière, Montmartre, et des Italiens,
inclus dans le 2ᵉ arrondissement, sont sans contredit, les
deux derniers surtout, les plus fréquentés et les plus vivants de tout Paris, rien de plus animé que ces promenades, où mille magasins, cafés, restaurants, ajoutent
aux passages et aux différents théâtres l'attrait de leurs
richesses, et appellent toutes les sensualités en offrant
toutes les distractions.

Les cercles les plus renommés sont installés dans les
plus beaux hôtels des boulevarts, où les tailleurs ont établi
des magasins d'un luxe inouï.

C'était, il y a quelques années, au Boulevart des Italiens
que se réunissait l'élite de la fashion parisienne, maintenant le Boulevart des Capucines est la promenade ordinaire de l'élégante et riche oisiveté. Nous n'avons point
à nous préoccuper de la raison qui fait adopter tel ou tel
lieu de rendez-vous des citadins ; notre devoir de chro-
niqueur est de citer les faits, en appelant l'attention de
nos lecteurs sur un usage que le mode vient de consacrer.
Si ce n'est qu'un caprice, hâtons-nous de dire qu'il est bien
justifié, par l'élégance et le bon goût qui décorent tout ce

coin de Paris, dont les architectes ont su faire un palais
en détail. Tout en effet se trouve réuni sous l'œil du flâ-
neur, l'agréable et l'utile s'y donnent la main, et la richesse et le bon goût qui président dans l'arrangement
des magasins, vous donnent une idée succincte des splen-
deurs de la capitale. C'est Paris, vu par le petit bout de la
lorgnette ; pour en donner un simple aperçu, nous ne citerons que quelques noms consacrés par la vogue.

Si nous nous reportons à l'année 1848, nous dirons que
le Ministère des affaires étrangères occupait ce vaste emplacement qui part de la rue des Capucines, pour aboutir
à la rue Neuve-Saint-Augustin. Les exigences du commerce, la fièvre incessante de spéculation, a mis le mar-
teau sur cet hôtel, qui ne se recommandait ni par l'architecture, ni par la gaîté de l'aspect, et en moins de deux
ans, des maisons en guipure de pierre, sont venues donner
la vie et l'activité à ce lieu, que le mur du jardin de
l'hôtel contribuait à rendre triste et humide. Là, c'est
Giroux, qui a fui la rue du Coq-St-Honoré, emportant
avec lui son public et ses charmantes et coûteuses superfluités. Ici, nous voyons un Palais dont le fronton armorié
nous invite moins encore à entrer que l'étalage qui
se déploie derrière les glaces, et qui fait en quelque sorte
de cette devanture un salon à ciel ouvert, c'est le magasin
de la Compagnie Lyonnaise ; cette Maison est nouvelle,
et pourtant elle a su conquérir tout d'un coup la faveur
du public. Nous devons ajouter, pour conserver l'impar-
tialité qui nous distingue, que cette vogue, n'est due ni au
hasard, ni entièrement à la proximité des quartiers riches ;
les propriétaires de ce bel établissement, même après ce
qui a été réalisé jusqu'à ce jour, se placent à la tête de cette
spécialité Parisienne que l'on nomme la Nouveauté, et
qui fera toujours la gloire de la première ville du monde.
Nous passerons rapidement devant M. Biétry, dont le nom
a tellement retenti dans les Journaux, qu'il est devenu le
synonyme de réclame. Mais si vous voulez bien nous suivre

dans ce riche boudoir qui nous offre si obligeamment un divan, nous y prendrons avec tous les usages de la localité,

Le Moka parfumé dans l'émail du Japon.

Ce riche boudoir est le Café des Deux-Mondes, où la carte variée vous offre les friandises délaissées du Café anglais et de la Maison dorée ; imprudent! j'allais oublier la cave, elle est de premier choix, le propriétaire est un gourmet, c'est tout dire.

Nous ne quitterons pas cette magnifique promenade, sans parler de l'hôtel des Capucines, tout nouvellement élevé par les soins du confortable et de l'élégance, et qui ne le cède en rien à tous les établissements du même genre.

N'avions-nous pas raison en vérité, de vous vanter le Boulevart des Capucines, car maintenant je suis certain que vous partagez notre avis, en affirmant que la mode a presque toujours raison.

RENSEIGNEMENTS UTILES. — IIME ARRONDISSEMENT.

MAIRIE JUSTICE DE PAIX.	}	Rue Drouot, 6.
BUREAUX DE POSTE.	}	Place de la Bourse. Rue Bourdaloue.
COMMISSARIATS DE POLICE.	}	Rue de Valois, 7. Rue Favart, 2. Rue du faubourg Montmartre, 33. Rue du faubourg Montmartre, 67. Rue Papillon, 10.

BOTTIER	Muller	Chaussée d'Antin, 19 bis.
—	Raulin	Galerie Vivienne, 42.
	Sesquès	Rue Neuve St-Augustin, 24.
BIBERONS	Darbo	Passage Choiseul, 86.
BRASSERIE	Bourgeois	Rue des Martyrs, 9.
	Brissaud	Chaussée-d'Antin, 21.
CHAPELIER	Barrère	Rue Richelieu, 59.
CHOCOLATS	Mourgues	Rue Saint-Honoré, 218.
CHOCOLATIER	Torriani	Rue Richelieu, 61.
COIFFEUR	Tarcher	Place de la Bourse, 12.
CONFISEUR	Blanchard	Rue de Grammont, 18.
Id.	Bardouillet-Achard	boulevart des Italiens, 17, et rue Grammont, 27.
Id.	Terrier	Rue Saint-Honoré, 254.
COUTELIER	Touron	Rue Richelieu, 101.
CULOTTIER	Meyer et Wasse	Rue de Gaillon, 12.
DENTISTE	Darboville	Rue du Helder, 1.
Id.	Paul Simon	Boulevart des Italiens, 6.
Id.	Pernet	Rue Saint-Lazare, 56.
DENTELLES	Violard	Rue de Choiseul, 4.
GUETRIER	Nagel	Rue Richelieu, 42.
GYMNASE	A. Tarlé	Rue Saint-Lazare, 75.

HORLOGERIE brevetée.	Gueret	Passage Verdeau, 10.
HOTEL DES ETRANGERS		Rue Feydeau, 3.
HOTEL DE L'EUROPE		Rue Lepelletier, 5.
HOTEL NATIONAL		Rue N.-D.-des-Victoires, 11.
JOUETS D'ENFANTS	Sauguier	Passage Choiseul, 82.
MODES	Mme A. Biston	Rue Laffitte, 12.
NEOTHERMES	Maison de Santé.	Rue de la Victoire, 56.
NOUVEAUTES	A l'Etoile du Nord	Faubourg-Montmartre, 12.
PARFUMEUR	Mignot	Rue Vivienne, 19.
PEIGNES-CAOUTCHOUC	Richebraque	Boulevart Poissonnière, 12
PHARMACIE CENTRALE		Rue de Provence, 8.
QUINCAILLIER	Gauduchon	Rue Richelieu, 10.
RUBANS	Charles Levêque	A Saint-Louis. Chaussée-d'Antin, 33.
RUBANS & PASSE-MENTERIE	A la Glaneuse	Chaussée-d'Antin, 28.
SOIERIES	Narey & Cie	Rue Grammont, 7.
TAILLEUR	Perduzi et Schutz	Rue Villedo, 11.
TEINTURIER	Gondras	Rue Richelieu, 26.
THES	A la Porte chinoise.	Rue Vivienne, 36.
VERNIS	Hipp. Stott	Passage de l'Opéra, 19.
VINS FRANÇAIS	Choumard jeune	Place de la Bourse, 12

Imp. Wiesener.

PALAIS DE LA BOURSE.

IIIME ARRONDISSEMENT.

SAINT-EUSTACHE.

Cette église, l'une des plus belles de Paris, n'est pas encore entièrement achevée.

Aux douzième et treizième siècles, il y avait sur l'emplacement de Saint-Eustache une chapelle dédiée à Sainte-Agnès, puis à Saint-Eustache; elle fut commencée sur le plan actuel au seizième siècle, moins sa façade, qui date du dix-huitième.

Le vaisseau de Saint-Eustache est l'un des plus beaux de France, et lorsque les chapelles latérales qu'on décore en ce moment seront terminées, rien ne sera comparable à l'ensemble riche et grandiose qu'il présentera.

L'orgue actuel remplace un buffet, chef-d'œuvre de l'art, incendié en 1844. On remarque différentes sépultures, entre autres celle de Colbert, œuvre de Coysevox.

SAINT-VINCENT DE PAULE.

Cette magnifique église, située dans une position qui lui donne un aspect tout monumental et à laquelle on arrive par cinquante degrés disposés en une rampe ornée de balustrades en pierres, vient d'être achevée sous les ordres de M. Hitorff. Elle est entièrement peinte à l'intérieur et renferme des vitraux neufs qui rappellent les plus belles verrières de nos antiques basiliques. Les sculptures sur bois, et les ornements en fonte dorés sont admirablement bien traités.

NOTRE-DAME-DES-VICTOIRES (PETITS-PÈRES.)

En 1629, Louis XIII dédia à Notre-Dame-des-Victoires, en commémoration de la prise de La Rochelle, une église qui fut construite sur les dessins du père Lemuel. Trente ans après, les Augustins déchaussés, vulgairement appelés Petits-Pères, la firent reconstruire; de là lui vient son nom d'église des Petits-Pères. Le portail date de 1739; il fut élevé par Cartaud.

NOTRE-DAME-DE-BONNE-NOUVELLE,
Rue de la Lune.

Fondée en 1551, détruite en 1593, réédifiée au commencement de notre siècle, cette église n'offre rien de remarquable à signaler à l'étranger, si ce n'est une fresque signée Abel de Pujol.

TIMBRE IMPÉRIAL.

La rue de la Banque, nouvellement ouverte sur d'anciens terrains dépendants de communautés et d'hôtels supprimés, présente trois magnifiques édifices. Il faut citer d'abord le Timbre impérial, anciennement situé rue de la Paix. Ce monument réunit dans un vaste local et avec des aménagements commodes, toutes les administrations qui ressortent du timbre, de l'enregistrement et des domaines.

MAIRIE.

En face du Timbre se trouve la Mairie du 3ᵉ arrondissement. Construction nouvelle et élégante.

CASERNE DE LA BANQUE.

Sur l'emplacement de l'ancienne caserne, dite des Petits-Pères, s'élève aujourd'hui, sous les ordres de M. Girart architecte, une caserne monumentale, destinée à recevoir trois cents gardes de Paris.

THÉATRE DU GYMNASE.
Boulevard Bonne-Nouvelle.

Fondé en 1820 sous le nom de théâtre de Madame, il fut patroné par madame la duchesse de Berry ; on y joue des comédies en vers et en prose et des vaudevilles.

BOURSE ᴇᴛ TRIBUNAL DE COMMERCE.
Rue Vivienne.

. La bourse des effets publics s'est longtemps tenue rue Quincampoix, et les mémoires du dix-huitième siècle font mention des étonnants revirements de fortune occasionnés par le système de Law et la fureur de l'agiotage ; les spéculateurs furent transportés au Palais-Mazarin, au Palais-Royal, enfin rue des Filles-Saint-Thomas, et s'y tinrent jusqu'en 1826, lors de l'inauguration du magnifique palais de la Bourse, qui, sur les dessins de l'architecte Brongniart, fut commencé en 1808. Il est élevé sur l'emplacement de l'ancien couvent des Filles-Saint-Thomas. Quoique situé sur une vaste place, ce monument se ressent un peu de la hauteur des maisons qui l'entourent ; néanmoins, c'est un admirable édifice qui offre à l'intérieur les plus belles grisailles d'Abel de Pujol. Ces peintures sont d'un réalisme étonnant et ont toujours trompé l'admirateur, qui croit voir de véritables sculptures.

Dans les bâtiments de la Bourse se trouve le Tribunal de commerce et toutes ses dépendances.

Le palais de la Bourse et le Tribunal de commerce sont ouverts tous les jours.

PLACE DES VICTOIRES.

La Feuillade est-ce que tu me bernes,
De mettre le soleil entre quatre lanternes ?

La place des Victoires est d'architecture uniforme. L'ornementation en est un peu trop masquée aujourd'hui par les enseignes des marchands qui l'habitent. La statue en bronze doré de Louis XIV fut détruite en 1793. En 1806, on y mit une statue colossale de Desaix ; en 1822, la statue actuelle de Louis XIV, par Bosio, fut rétablie. Les bas-reliefs en sont remarquables ; ceux de l'ancienne statue, par Van der Bogaest, sont aux Invalides.

HALLES CENTRALES.

Il nous est impossible d'initier le lecteur aux vastes projets des Halles centrales ; les plans qui paraissent avoir été adoptés, promettent un ensemble de constructions gigantesques, qui égaleront en étendue l'achèvement du Louvre. Des quartiers entiers ont été abattus pour faire place aux Halles centrales.

HOTEL DES POSTES.
Rue Jean-Jacques-Rousseau.

Le service des postes, actuellement placé dans les anciens hôtels d'Armenonville et Bullion, attend un édifice digne d'une aussi importante administration ; il sera placé dans la rue de Rivoli et sur la place du Châtelet.

HOPITAL LARIBOISSIÈRE.

Cet hôpital, sans contredit le plus beau et le mieux distribué, peut contenir douze cents lits. Il fut commencé sous le règne de Louis-Philippe, dont il dut porter le nom. La République substitua le sien à celui du monarque détrôné ; enfin la bienfaisance seule l'a baptisé ; car c'est en reconnaissance d'un legs de 6 millions fait aux hospices par madame la comtesse de La Riboissière qu'il fut décrété que l'édifice prendrait le nom de sa bienfaitrice.

PRISON SAINT-LAZARE.
Faubourg Saint-Denis, 117.

La prison de Saint-Lazare, spécialement affectée à la détention des femmes prévenues ou punies, est située sur l'emplacement d'anciens établissements qui existaient déjà au onzième siècle. A cette époque, il y avait là une maladrerie pour les lépreux nés de légitime mariage dans la ville de Paris.

Au dix-septième siècle, Saint-Lazare abandonné, fut donné à Saint-Vincent-de-Paule, qui y établit l'ordre des sœurs de charité qu'il venait de fonder. Il y mourut. Pendant la Révolution, Saint-Lazare devint une prison d'où sortirent de nobles victimes pour monter à l'échafaud.

RENSEIGNEMENTS UTILES. — IIIME ET IVME ARRONDISSEMENTS.

MAIRIE JUSTICE DE PAIX.	IIIe Arr. Rue de la Banque. / IVe Arr. Place du Chevalier-du-Guet.	
BUREAUX de POSTE.	Rue Jean-Jacques-Rousseau (bureau principal). / Rue de l'Échiquier, 3. / Place Lafayette. / Rue de Rivoli, 10 bis. / Rue Saint-Honoré, 12.	**COMMISSARIATS** de POLICE. Rue Jean-Jacques-Rousseau, 21. / Rue Montmartre, 144. / Rue d'Enghien, 20. / Rue du Cloître-Saint-Honoré, 6. / Rue Saint-Germain-l'Auxerrois, 89. / Halle aux toiles.

CAFÉS, (spécialité de)	Royer de Chartres	Boulevart Poissonnière, 1.
COMESTIBLES	Baille et Compagnie	Rue Hautevillle, 6.
GANTIER	Guibert	Boulevart Poissonnière, 21.
EAUX GAZEUSES	Ozouf.	Rue Chabrol, 32.
Id.	Cornet	Rue du Petit-Carreau, 15.
HOTEL DU RHONE		Rue de Grenelle-Saint-Honoré, 5.
HORLOGER	Kopenhague	Rue Rivoli, 61.
MANTEAUX CAOUTCHOUC (spé. de)	Maison Larcher.	Rue des Fossés-Montmartre, 7.
MERCERIE, **PASSEMENTERIE**	Lordereau.	Rue Poissonnière, 5.
PARFUMEURS	Gellée frères.	Rue des Vieux-Augustins, 35.

IVme ARRONDISSEMENT.

SAINT-GERMAIN-L'AUXERROIS.

Cette antique et remarquable église date du sixième
siècle; elle fut fondée par Chilpéric Ier sous l'invocation
de Saint-Germain, évêque de Paris, et si, pour la distin-
guer plus tard, on l'appela Saint-Germain-l'Auxerrois,
c'est une erreur consacrée par le temps, car Saint-Germain d'Auxerre n'a rien de commun avec le vertueux
évêque de Paris.

Jusqu'au quinzième siècle, cette église a été souvent
pillée, détruite et rebâtie. Charles VII l'agrandit en 1423,
et le portail fut achevé en 1431, par Jean Ganzel. Elle est
d'architecture gothique moins l'abside, qui paraît, à cause
de son style roman, être le seul vestige de la seconde
église bâtie au dixième siècle par le roi Robert.

L'intérieur de Saint-Germain-l'Auxerrois est très-remar-
quable et offre des œuvres du plus grand mérite.

La cure de Saint-Germain-l'Auxerrois a été jusqu'avant
la première Révolution très-riche et très-puissante; de
nombreux couvents et colléges y étaient annexés. Sa juri-
diction s'étendait sur un grand nombre de cures dans Paris qui relevaient d'elle. Enfin elle s'intitulait Église

royale. En 1831, elle fut saccagée par le peuple, qui se li-
vra à tous les actes du vandalisme le plus brutal. Saint-
Germain-l'Auxerrois a été remise au culte et admirablement réparée en 1838.

Cette église contient un grand nombre de sépultures
célèbres.

HALLE AU BLÉ.
Rue de Viarmes.

L'emplacement sur lequel est construite la Halle au Blé,
a de tout temps été occupé par un très-grand hôtel, qui,
depuis le treizième siècle, en changeant de propriétaires
a changé de nom et de forme. Tour à tour il s'est appelé
hôtel de Nesles, de Bohême, d'Orléans, de la Reine, de
Soissons, de Carignan. La ville a acheté le terrain de l'ancien hôtel du duc de Carignan, et y fit construire en 1763
la Halle au Blé.

Elle est construite en pierres de taille et en fer; elle renferme de vastes greniers. La coupole, primitivement en
bois, brûla en 1802 et fut réédifiée en 1811 par Brunet, architecte, qui la construisit en fer avec de vastes lanternes.

Cet édifice est un des plus beaux et des plus solides de
ce genre.

FONTAINE DE LA COLONNE MÉDICIS.

La colonne cannelée ornée d'un méridien qui se trouve
annexée à la halle au blé est la même qui servait à Catherine de Médecis et à Ruggieri pour faire leurs observations
astronomiques. L'intérieur renferme un escalier.

FONTAINE DES INNOCENTS.

Avant d'être transportée au milieu du marché des Innocents, cette belle fontaine était placée à l'angle de la rue

aux Fers ; elle fut construite là en 1551 par Pierre Lescot et décorée par Jean Goujon. En 1786, elle fut transportée au milieu du marché des Innocents, et on lui ajouta deux faces et une toiture, enfin on compléta entièrement sa forme quadrangulaire ; en 1813, on augmenta son volume d'eau, qui est aujourd'hui de deux mille mètres cubes par jour.

FONTAINE DE LA PLACE DU CHATELET.

En 1808, il fut élevé sur la place du Chatelet une colonne en forme de palmier, qui s'appela colonne de la Victoire, et fut consacrée à la gloire des armées françaises. Aux quatre angles du piédestal l'eau jaillit par une corne d'abondance terminée par une tête de monstre marin. Quatre statues, la Loi, la Force, la Prudence et la Vigilance décorent le pied de cette colonne.

FONTAINE DE LA RUE DE L'ARBRE-SEC.

Cette fontaine existait sous François Ier au milieu de la rue de l'Arbre-Sec ; elle fut transférée, en 1696, à la place qu'elle occupe. Elle a été reconstruite en 1775. Elle est décorée d'une nymphe de Jean Goujon.

LOUVRE.

Les étymologistes font venir le mot Louvre de Lupara, lieu propre à la chasse aux loups. Ce n'est guère qu'au commencement du treizième siècle, sous Philippe-Auguste, qu'il est mention du Louvre. Il fut bâti par ce prince pour servir de palais, de forteresse et de prison.

La première collection de livres qui fut le germe de la bibliothèque impériale fut placée par Charles V dans cette habitation royale. François Ier fit restaurer le vieux Louvre pour y loger Charles-Quint. Plus tard, en 1528, il le fit démolir pour lui substituer ce qu'on appelle aujourd'hui le vieux Louvre. Pierre Lescot fit les dessins de ce monument, véritable chef-d'œuvre de la Renaissance. Henri II, Charles IV et Henri IV continuèrent et achevèrent ce palais jusques et y compris le pavillon Lesdiguières.

Louis XIV dota la France du nouveau Louvre ; et la fameuse colonnade qui fait face à Saint-Germain-l'Auxerrois est l'œuvre de Claude Perrault, dont elle immortalisa le nom.

Napoléon 1er décréta l'achèvement du Louvre. Il fit construire la partie neuve qui part des Tuileries et va joindre le pavillon Rohan.

L'achèvement complet du Louvre et sa réunion aux Tuileries ont été décrétés sous la deuxième République ; mais l'exécution rapide de ces immenses travaux est due à la volonté de Napoléon III. Les nouvelles constructions renferment des remises et un manége, des salles d'exposition pour les œuvres des artistes vivants, une salle destinée à réunir les grands corps de l'État, deux ministères et leurs bureaux.

Le milieu de ces nouveaux bâtiments sera occupé par une place au centre de laquelle s'élèveront la statue de Napoléon 1er et celle de Louis XIV.

C'est le plus vaste et le plus magnifique palais du monde entier.

Les plans des travaux de l'achèvement du Louvre sont dus à l'architecte Visconti, mort avant l'accomplissement de son œuvre.

BIBLIOTHÈQUE DU LOUVRE.

Cette collection, qui s'appelait la bibliothèque du cabinet du roi, n'est pas publique. Elle renferme des documents politiques.

MUSÉES DU LOUVRE.
Au Louvre

Le Musée des tableaux est placé dans le premier étage de la galerie du vieux Louvre bâtie sous Henri II et Charles IX. Pour y arriver, on traverse la galerie d'Apollon, chef-d'œuvre inimitable, et dont la position sur le quai du Louvre ajoute encore à l'ornementation. Le salon carré renferme un chef-d'œuvre de chaque école. Après vient la grande galerie, divisée par école, depuis la byzantine jusqu'à l'ancienne école française.

Les Musées de sculptures modernes et anciennes occupent différentes salles du rez-de-chaussée des bâtiments du vieux Louvre.

Le Musée des dessins renferme 1,300 dessins des plus grands maîtres.

Le Musée des souverains réunit tous les objets précieux ayant appartenu aux souverains qui ont gouverné la France.

Le Musée espagnol renferme quatre cent cinquante tableaux des maîtres de l'école espagnole.

Le Musée des antiques possède les plus belles sculptures de la Renaissance.

Le Musée Charles X est formé d'une quantité de momies, manuscrits, vases, fragments, etc., etc.

Le Musée maritime se compose, comme l'indique son nom, de modèles et d'objets de la marine française.

Le Musée algérien renferme les curiosités recueillies dans nos possessions d'Afrique.

Il nous est impossible de donner au lecteur une idée des trésors enfouis dans ces musées. Le visiteur trouvera un catalogue spécial à la porte de chaque collection.

BANQUE DE FRANCE.
Rue de la Vrillère.

Le duc de La Vrillère fit construire, au commencement du dix-septième siècle, par Mansard, un magnifique hôtel, qui fut depuis possédé par le comte de Toulouse et par le duc de Penthièvre jusqu'en 1793. Cette magnifique demeure fut ornée par les plus grands peintres du règne de Louis XIV et on y voit encore un salon où s'assemble le conseil de la Banque, qui a été peint par Lebrun.

La Banque de France, fondée en 1803, fit l'acquisition de cet immeuble et y installa son gouvernement et ses bureaux. Des agrandissements successifs y ont été faits pour les besoins des services de la Banque. On cite la construction remarquable des caves, qui sont submersibles en peu de temps, sans qu'on sache d'où vient l'eau.

PONT DES ARTS.

Les piles de ce pont sont en pierres, surmontées d'arches en fer, couronnées d'un tablier en bois. Il est réservé aux piétons.

MANUFACTURE DES GLACES.
Rue Saint-Denis, 313.

Le sieur Rivière Dufresny établit en France, en 1634, la première manufacture de glaces en concurrence avec celles de Venise; en 1688, Colbert fit ériger en manufacture royale cet établissement, qui fut depuis transporté dans le local qu'il occupe aujourd'hui.

VME ARRONDISSEMENT.

SAINT-LAURENT.
Boulevart de Strasbourg,

Cette église remonterait d'après Grégoire de Tours au sixième siècle, elle dépendait à cette époque d'un monastère de l'ordre de Saint-Benoît, elle fut ruinée par les Normands, et reconstruite au dixième siècle.

On remarque dans cette paroisse du 5ᵉ arrondissement, la sépulture de Louise de Marillac, qui fut la première supérieure de l'ordre de Saint-Vincent-de-Paule, et un tableau de Greuze, représentant le Martyre de Saint-Laurent.

ENTREPOT DES DOUANES ᴇᴛ CANAL SAINT-MARTIN.

Ces vastes magasins destinés à recevoir les marchandises qui doivent payer des droits de douane, et à y séjourner jusqu'à leur acquit, sont construits le long du canal Saint-Martin, ils font partie des dépendances des Docks Napoléon, dont l'exécution n'est pas encore achevée. L'administration des Douanes a son établissement dans de grands bâtiments annexés à l'entresol.

THÉÂTRE DE LA PORTE SAINT-MARTIN.

Ce théâtre, dont le titre indique assez la situation topographique, est un des plus vastes de Paris. Son immense vaisseau a été construit avec une rare intelligence. Les dispositions de la salle sont habilement combinées ; loges et galeries encadrent merveilleusement l'ellipse où 1,900 spectateurs commodément assis dans de larges et moelleux fauteuils, assistent aux représentations des chefs-d'œuvre du drame actuel. Le genre du théâtre lui permet aussi le ballet, ce cadre si favorable aux prestiges de mise en scène. La profondeur et la largeur de la scène, proprement dite, laissent toute latitude à ces grands effets de décorations qui font croire à la nature même. Mais aussi ce confortable, ce grandiose, cette extension de privilége obligeat. Devant ces brillantes assemblées quotidiennes, il faut, le rideau levé, développer une action large et intéressante qui se déroule au milieu des masses nombreuses, s'agitant dans de splendides décors. L'administration, qui préside en ce moment aux destinées de la Porte-Saint-Martin, s'est bien gardée de l'oublier. Chargée de son avenir, elle a interrogé le passé ; la responsabilité ne l'a point effrayée, elle s'est fait un glorieux présent d un favorable augure. Peu soucieuse des difficultés, elle s'est pénétré de l'axiôme : SEMER POUR RECUEILLIR. A semence intelligente, plantureuse récolte. Si jamais on donne un blason à chaque direction théâtrale, nous demandons l'inscription de celle-ci sur l'écusson de M. Marc Fournier.

AMBIGU-COMIQUE.
Boulevart Saint-Martin

Cette salle a été construite en 1828, en remplacement de celle incendiée et située au boulevart du Temple. Ce théâtre contient mille neuf cents spectateurs.

Drames, pièces féériques et vaudevilles.

Imp. Wiesener.

PORTE SAINT-DENIS.
Boulevart Saint-Denis.

Cet Arc-de-Triomphe a été élevé en 1672, par la ville de Paris, à la gloire de Louis XIV. Le bas-relief sur le boulevart, représente le passage du Rhin à Tholey, et celui sur le Faubourg, la prise de Maëstricht.

PORTE SAINT-MARTIN.
Boulevart Saint-Martin.

Érigé en 1674, comme le précédent, à la gloire de Louis XIV. Les bas-reliefs sur le boulevart, représentent la prise de Besançon et la triple alliance; ceux sur le faubourg, la prise de Lembourg et la défaite des Allemands.

CHATEAU D'EAU.
Boulevart Saint - Martin.

Élevé en 1811 par Girard, cette fontaine monumentale dont l'effet est imposant et pittoresque, verse une gerbe d'eau volumineuse dans des bassins superposés, qui forment cinq nappes, elle est ornée de huit lions lançant des jets d'eau par la gueule.

Sur la place du Château d'Eau se tient, trois fois par semaine, un marché aux fleurs qui fait de cette partie du boulevart une promenade fort attrayante.

HOPITAL SAINT-LOUIS.
Rue de l'Hôpital-Saint-Louis.

La position de cet hôpital et ses dispositions intérieures en font l'un des plus beaux et des plus vastes de Paris. On y traite spécialement les maladies de peau; on y donne des consultations gratuites qui sont très suivies. Cet établissement de bienfaisance est la dernière création du bon roi Henri. Il fut fondé en 1610.

RENSEIGNEMENTS UTILES. — VME ARRONDISSEMENT.

MAIRIE — JUSTICE DE PAIX.	Rue du faubourg Saint-Martin, 72.	COMMISSARIATS DE POLICE.	Rue Saint-Sauveur, 18.
BUREAU DE POSTE.	Rue du faubourg Saint-Martin, 5		Rue Beauregard, 16.
			Rue Neuve-de-la-Fidélité, 28.
			Rue des Vinaigriers, 22.
			Passage de l'Entrepôt, 5.

CAFÉ GUILLAUME-TELL	Thérèse Gerbel	Boulevart de Strasbourg, 20.
CHAUSSURES GUTTA-PERCHA.	Napoléon Gaillard	Faubourg Saint-Martin, 18.
ÉTOFFES ET RUBANS DE SOIE.	Bresson Augers	Rue Saint-Denis, 353.
GARNITURES POUR ROBES ET CONFECTION	Travers	Rue Saint-Denis, 293.
HOTEL DE STRASBOURG		Boulevart de Strasbourg, 22.
HOTEL DE PARIS	Bienvelet	Boulevart de Strasbourg, 74.
LIQUEURS COTHENET	Cothenet-Genvresse, (épicier)	Rue Saint-Denis, 398.
MERCERIE TAPISSERIE	Richenet-Bayard	Rue Saint-Denis, 400.
MERCERIE, TAPISSERIE	Marie Soudan	Rue Saint-Denis, 400.
MODES	A. Champion	Boulevart Bonne-Nouvelle, 31.
PAILLASSONS	Au jonc d'Espagne	Rue de Cléry, 84.
TAPISSERIE	Jules Bouvière et C^c	Rue Bourbon-Villeneuve, 57.

VIme ARRONDISSEMENT.

SAINT-NICOLAS-DES-CHAMPS.
Rue Saint-Nicolas, 202.

Cette église, aujourd'hui cure de 1re classe, dépendait dans l'origine de l'abbaye de Saint-Martin. L'édifice actuel a été construit en 1420, 1525 et 1575. Il offre plusieurs parties remarquables, entre autres un triptyque sur bois du seizième siècle représentant un Crucifiement.

SAINT-LEU ET SAINT-GILLES.
Rue Saint-Denis, 184.

Cette église fut reconstruite en 1611, 1727 et 1823, en remplacement d'une chapelle dépendante de l'abbaye de Saint-Magloire. Au-dessous du maître-autel on voit la chapelle du Calvaire. On trouve à Saint-Leu et Saint-Gilles un fort beau portrait de saint François de Salles, par Philippe de Champagne.

SAINTE-ÉLISABETH.
Rue du Temple.

Cette église a été bâtie au dix-septième siècle pour les religieuses de Sainte-Élisabeth. Pendant la Révolution, elle servit de magasin. Elle a été rendue au culte en 1809. Elle n'offre rien de remarquable aux curieux.

TOUR SAINT-JACQUES-LA-BOUCHERIE.
Rue Rivoli.

L'église Saint-Jacques-la-Boucherie, dont la tour qui nous occupe, est aujourd'hui le seul vestige, fut l'une des plus importantes de Paris aux douzième, treizième, quatorzième et seizième siècles. Elle compta de nombreux et puissants bienfaiteurs, entre autre, le célèbre Nicolas Flamel. La Tour qui subsiste, et que le gouvernement a fait restaurer avec tout le soin possible, mérite l'attention particulière de l'archéologue et du savant.

CONSERVATOIRE DES ARTS ET MÉTIERS.
Rue Saint-Martin, 208.

Cette vaste école publique professionnelle, est une création de la première république; on y enseigne toutes sciences physiques et mécaniques appliquées aux arts. Les cours publics y sont professés les jeudis et samedis de chaque semaine suivant un programme publié à l'avance. Cet établissement, dont les dimensions se sont accrues avec le nombre des élèves, occupe les anciens bâtiments de la célèbre abbaye de Saint-Martin, dont il reste encore plusieurs vastes locaux.

Une bibliothèque publique et spéciale, contenant douze mille volumes, est annexée au Conservatoire des Arts et Métiers.

THÉATRE LYRIQUE.

Boulevart du Temple.

Son genre est celui de l'opéra-comique.

THÉATRE DE LA GAITÉ.

Boulevart du Temple.

Fondé en 1770 par Nicolet. Brûlé en 1835, réédifié en 1836, ce théâtre représente des drames et mélodrames.

THÉATRE IMPÉRIAL DU CIRQUE.

(ANCIEN FRANCONI.)

Boulevart du Temple.

Ce Cirque contient aujourd'hui deux mille personnes; il fut fondé dans le faubourg du Temple par un écuyer anglais, auquel s'était associé le célèbre Franconi. On y représente des mimodrames, des pièces militaires à grand spectacle, et des féeries.

CIRQUE NAPOLÉON.

Boulevart des Filles-du-Calvaire.

Théâtre hippique et de clowns qui contient quatre mille personnes.

MARCHÉ SAINT-MARTIN.

Établissement fondé en 1807 sur les anciens terrains de l'abbaye Saint-Martin. Il est entouré d'une promenade et contient une fontaine.

MARCHÉ DU TEMPLE.

Ce marché, appelé simplement le Temple, est le bazar le plus intéressant de toutes les vieilleries possibles. Les marchands du Temple font un commerce d'habillements qui s'étend dans toutes les parties du monde.

LES MADELONNETTES.
Rue des Fontaines 14.

Cette prison renferme des condamnés des deux sexes dont la peine n'excède pas un an de durée.

RENSEIGNEMENTS UTILES.— VIME VIIME VIIIME ARRONDISSEMENTS.

MAIRIES et JUSTICES DE PAIX.	*VI Arrondissement.* Rue Vendôme, 11. *VII Arrondissement.* Rue Sainte-Croix-de-la-Bretonnerie, 20. *VIII Arrondissement.* Place Royale.	COMMISSARIATS de POLICE.	Rue Quincampoix, 39. Rue Saint-Denis, 5. Rue du Grand-Prieuré, 25. Rue du Cloître-Saint-Merry. Rue du Grand-Chantier, 7. Rue du Harlay, 4. Rue Saint-Sébastien, 24. Rue du faubourg Saint-Antoine, 115. Rue de Charenton, 68.
BUREAUX de POSTE.	Rue Neuve-Bourg-l'Abbé, 1. Rue Folie-Méricourt, 12. Rue du Grand-Chantier, 5. Hôtel-de-Ville. Boulevard Beaumarchais, 29. Rue du Faubourg Saint-Antoine, 169.		

BAS ÉLASTIQUES	Flamet jeune ✳	Rue Saint Martin, 142.
BIJOUTERIE	Ch. Pinard	Rue du Temple, 71.
CANNES	Martin jeune	Boulevart Saint-Denis, 3.
CANNES (Exportation)	Martin	Rue Grénétat, 10.
CHAPELLERIE	Maison Avisse	Boulevart Saint-Martin, 39.
CHAUSSURES	Poupion	Boulevart Saint-Martin, 37.
CHAUSSURES	Beauquis	Rue Sainte-Apolline, 7.
COIFFEUR	Labruguière	Rue Saint-Martin, 201.
ECUSSONS, etc.	Lalouette	Boulevart du Temple, 36.
HOTEL DU LION D'ARGENT		Cour Batave, 9.
HOTEL BELLEVUE	Madame Malpeyre	Boulevart du Temple, 78.
MEUBLES DE LUXE	Roux	Boulevart Beaumarchais, 26.
PARFUMEURS	Demarson, Chatelain et Ce	Rue Saint-Martin, 71.
TEINTURIER	Petit Didier	Rue Saint-Martin, 296.

VIIME ARRONDISSEMENT.

SAINT-MERRY.

Rue Saint-Martin, 78.

L'église Saint-Merry fut rebâtie en 1530 sous Fran-
çois Ier en remplacement d'une chapelle qui existait déjà
depuis le septième siècle. Construite dans le style gothique, elle est remarquable par ses ornements de sculpture
et ses vitraux du moyen âge ; elle renferme de belles sépultures et quelques peintures estimées.

Saint-Merry a été, au mois de juin 1832, le théâtre de
l'insurrection, et son portail en a beaucoup souffert. On
l'a depuis heureusement restauré.

NOTRE-DAME-DES-BLANCS-MANTEAUX.

Rue des Blancs-Manteaux.

Cette église a été construite vers la fin du dix-septième
siècle, en remplacement de l'ancienne chapelle des SERFS
DE MARIE ; elle possède quelques tableaux estimables de
l'école moderne.

SAINT-FRANÇOIS-D'ASSISE.

Rue du Perche.

On trouve dans cette église, dont l'architecture est des plus simple, de bonnes statues et des tableaux modernes dus à nos meilleurs peintres.

IMPRIMERIE IMPÉRIALE.

Rue Vieille-du-Temple, 89.

Cet établissement national, l'une des gloires de la France, fut réellement fondé en 1620, sous le ministère du duc de Luynes, en faveur des sieurs Mirel et Métayer, les premiers imprimeurs royaux. Ils avaient le droit exclusif d'imprimer tous les actes officiels du gouvernement. Richelieu donna à cet important établissement toute l'extension qu'il méritait alors. Tous les souverains de la France ont successivement apporté des améliorations et surtout des augmentations considérables.

L'imprimerie impériale fut successivement placée au Louvre, dans l'ancien hôtel de Toulouse, qu'occupe aujourd'hui la Banque de France, et par Napoléon dans les dépendances de l'hôtel Soubise, où elle est aujourd'hui.

On y imprime, pour le compte du gouvernement, le Bulletin des lois, les ouvrages statistiques et scientifiques. les livres en langues étrangères et tous les imprimés nécessaires aux services des administrations de l'empire. Ces immenses travaux occupent annuellement huit cents ouvriers, qui ont à leur disposition des types de toutes les langues.

La bibliothèque de l'imprimerie impériale contient des quantités de modèles de typographie.

Imp. Wiesener

HÔTEL-DE-VILLE.

ARCHIVES DE L'EMPIRE.

Rue du Chaume, hôtel Soubise.

Cette immense collection contient : 1° les archives législatives ; 2° les archives administratives ; 3° les archives historiques ; 4° les archives des domaines ; 5° les archives judiciaires ; en tout près de 100,000 cartons ; en outre une bibliothèque spéciale renfermant 14,000 volumes.

Les archives impériales sont placées aujourd'hui dans les anciens bâtiments de l'hôtel Soubise, construit en 1697 par le prince François de Rohan. On y trouve de beaux restes de l'ornementation du dix-huitième siècle.

ÉCOLE IMPÉRIALE DES CHARTES.

Rue du Chaume.

Cette institution a été fondée en 1821 par Louis XVIII ; elle a pour objet de former les jeunes gens à la lecture et à l'intelligence des anciens documents de l'histoire et à l'étude des écritures les plus anciennes.

HOTEL DE VILLE.

Place de ce nom (ancienne place de Grève).

Du quatorzième au quinzième siècle, l'Hôtel-de-Ville, sans changer de destination, a suivi une marche monumentale telle, qu'il est arrivé aujourd'hui au plus haut point de grandeur, de richesse et d'étendue qu'il puisse atteindre. Successivement Maison de Grève, Maison aux Pilliers, Maison aux Dauphins, Parloir aux Bourgeois, cet immense édifice, qui a vu se passer les principaux événements de la vie politique de Paris, a été enfin établi par François Ier en 1533, Henri II, Henri IV ; agrandi par Napoléon Ier, par Louis-Philippe et terminé par Napoléon III. Cette demeure du préfet de la Seine renferme les plus belles décorations de l'ornementation moderne qu'il soit possible de créer.

La bibliothèque de la ville de Paris contient 55,000 volumes d'ouvrages traitant particulièrement de l'histoire de Paris. Elle est publique.

MARCHÉ DES BLANCS-MANTEAUX.

Fondé en 1819 sur l'emplacement du couvent des Filles hospitalières.

CASERNE NAPOLÉON.

Cette immense caserne a été construite en 1853 ; elle est monumentale et peut contenir trois mille hommes.

MONT-DE-PIÉTÉ.

Rue des Blancs-Manteaux.

Établissement de prêt sur nantissements ; il est dirigé sous la surveillance de l'État. Il prête à raison de 9 p. 100 par an, plus des droits de commission, pour douze mois. L'emprunteur peut se libérer par à-comptes.

VIIIME ARRONDISSEMENT.

SAINTE MARGUERITE.

Rue Saint-Bernard, 28.

On remarque, dans cette paroisse du huitième arrondissement, une superbe Descente de Croix, sculptée par Le Lorrain et Nourrisson, élèves de Girardon, d'après les dessins de leur maître; la chapelle des âmes du Purgatoire, peinte à fresque en grisaille par Brunetti; un tableau de Wafllard représentant sainte Marguerite chassée de la maison paternelle, pour avoir embrassé le christianisme, et un monument élevé à la mémoire du dauphin, fils de Louis XVI.

ÉGLISE DES QUINZE-VINGTS.

Rue de Charonne. 28.

Cette église fut terminée en 1701.

SAINT-AMBROISE.

Rue Saint-Ambroise, 25.

Bâtie en 1659, sur l'emplacement d'une chapelle dédiée à Saint-Martin, cette église, qui sert de succursale à Sainte-Marguerite, renferme quelques tableaux estimés.

SAINT-DENIS-DU-SAINT-SACREMENT.

Rue Saint-Louis, 50, au Marais.

Cette église fut bâtie en 1684, sur l'emplacement de l'ancien hôtel de Turenne, puis reconstruite de 1826 à 1835.

CHAPELLE DU CIMETIÈRE DU PÈRE-LACHAISE.

Au Cimetière de l'Est.

Ce monument sert aux offices funèbres du cimetière de l'Est; il a été construit en 1834 par l'architecte Godde.

PLACE ROYALE.

Cette place, célèbre par son architecture et par le nombre des personnages illustres qui l'ont habitée, a été pendant plus d'un siècle le rendez-vous de la mode et du beau monde. Le cardinal de Richelieu, Marion Delorme et madame de Sévigné y ont demeuré. Elle est un des beaux modèles de l'architecture du dix-septième siècle, construite ainsi par ordre de Henri IV. Au centre de la place se trouve une statue de Louis XIII, qui remplace aujourd'hui celle que le cardinal de Richelieu fit élever en 1639. Pendant la première et la seconde République, cette place fut nommée place des Vosges.

PRISON DE LA ROQUETTE.

Rue de ce nom, 43.

Elle est spécialement affectée aux jeunes détenus.

PRISON DE MAZAS.

Boulevard Mazas.

Cette prison est appelée prison modèle; elle a été construite pour y étudier les effets du régime cellulaire; elle contient douze cent soixante cellules, dans lesquelles les prisonniers sont entièrement isolés pendant le temps de leur détention. Au centre est un autel où le prêtre dit la messe;' il est disposé de façon que chaque prisonnier peut suivre l'office divin sans être vu.

PRISON NOUVELLE.

Rue de la Roquette.

Elle est destinée aux condamnés aux travaux forcés ou à la peine de mort. C'est sur une place ménagée devant cette prison qu'ont lieu aujourd'hui les exécutions capitales.

HOPITAL DES QUINZE-VINGTS.

Rue Charenton, 38.

Cet établissement, fondé par Saint-Louis, est destiné à recevoir trois cents aveugles. Ils sont logés, nourris, et reçoivent un secours pécuniaire.

HOPITAL SAINT-ANTOINE.

Rue du Faubourg-Saint-Antoine, 206.

Cet établissement de bienfaisance contient trois cent vingt lits pour les malades, qui y sont soignés par les sœurs de sainte Marthe.

HOSPICE DES ORPHELINS.

Rue du Faubourg-Saint-Antoine, 214.

Fondé par saint Vincent de Paul, construit par Marie-Thérèse d'Autriche, l'hospice des orphelins élève neuf cents enfants, qui y apprennent différents métiers.

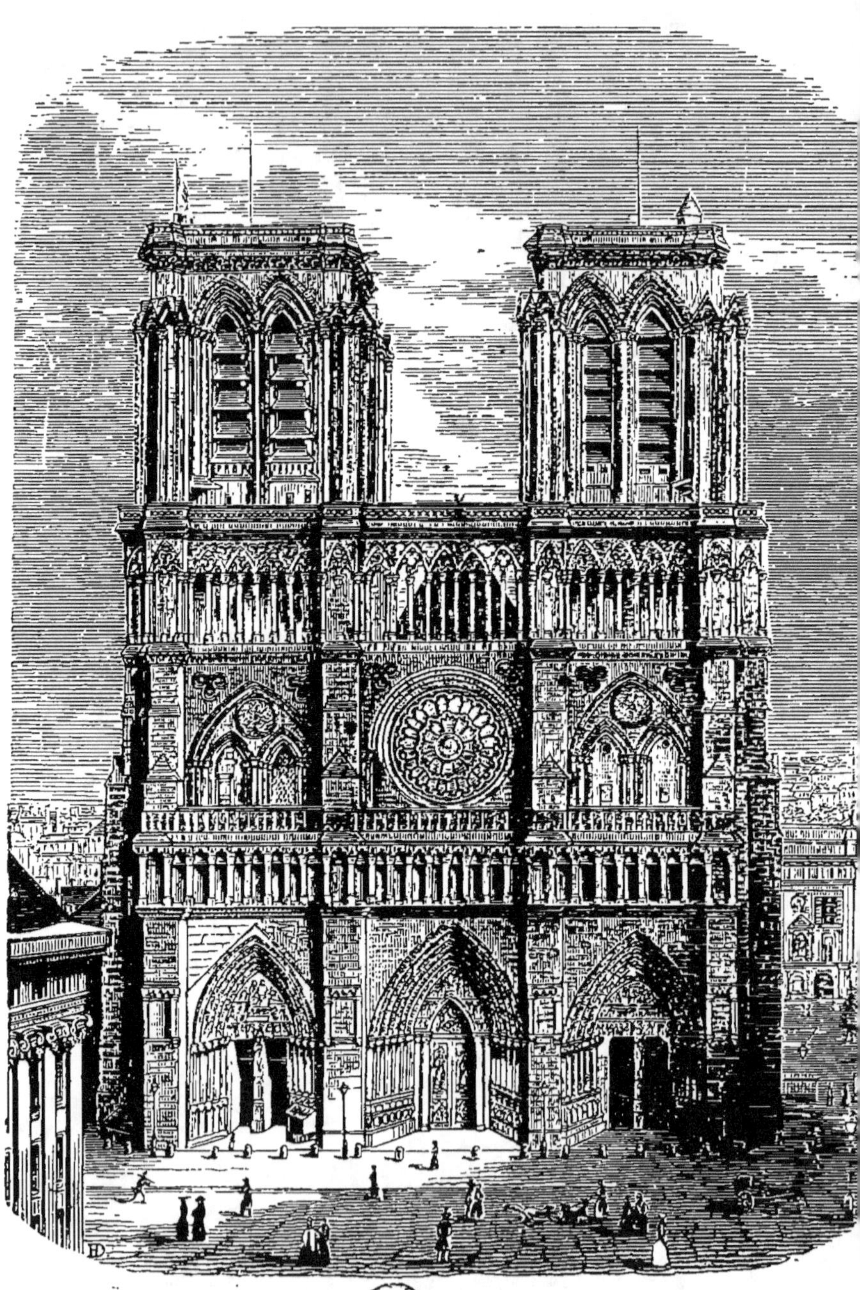

NOTRE-DAME, CATHÉDRALE DE PARIS

IXME ARRONDISSEMENT.

NOTRE-DAME-DE-PARIS.

Sous le règne de Tibère, il existait, à l'extrémité orientale de la cité, un autel que les nautes-parisiens avaient élevé à Jupiter. Au quatrième siècle, une église dédiée à saint Étienne fut bâtie sur l'emplacement de l'autel. Sous Chilpéric Ier, saint Germain, évêque de Paris, obtint de faire réparer cette église et la plaça sous le patronage de Notre-Dame. Au dire de Fortunat, évêque de Poitiers, cette cathédrale était d'une magnificence comparable à celle du temple de Salomon. Au commencement du dixième siècle, Notre-Dame fut réparée sous Charles le Simple. En 1161, Maurice de Sully, évêque de Paris, conçut le projet de faire construire une cathédrale en rapport avec sa destination ; en 1163, Alexandre III, pape réfugié à Paris, en posa la première pierre. En 1223, le grand portail fut achevé.

Dans la tour du Nord se trouve le Bourdon, fameuse cloche qui pèse 16,000 kilos.

Le portail du Midi fut élevé par Jehan de Chelles, en 1257.

Le cardinal de Noailles fit construire à ses frais la Rose du Midi. Elle coûta 80,000 francs.

La charpente du comble, qu'on appelle forêt à cause de la prodigieuse quantité de pièces de châtaigniers dont elle se compose est recouverte en plomb. Cette dépense a été faite aux frais du même cardinal.

L'intérieur de Notre-Dame offre les plus précieux morceaux d'architecture et de sculpture de toutes sortes. Cette visite demande un long temps et une attention artistique bien récompensée par les magnifiques œuvres qu'elle découvre.

Sous la Révolution, Notre-Dame s'appelait le Temple de la Raison; on y célébra sous le Directoire le culte de l'Être suprême. Le 18 mai 1802, une messe et un Te Deum y furent célébrés pour le rétablissement du culte catholique.

Depuis dix ans, on restaure cette métropole avec un art et une science qui font le plus grand honneur aux architectes chargés de cette œuvre.

SAINT-GERVAIS.

Derrière l'Hôtel-de-Ville.

Cette église existait au sixième siècle; elle fut rebâtie en 1212 et en 1420, restaurée et agrandie en 1581. Le portail et la chapelle de la Vierge sont très-remarquables.

SAINT-LOUIS-EN-L'ILE.

Rue et île Saint-Louis.

Cette église a été commencée en 1664 et finie en 1726. Elle n'offre rien de remarquable si ce n'est son clocher à jour.

SAINT-LOUIS-SAINT-PAUL.

Rue Saint-Antoine, 122.

Cette remarquable église a été construite en 1627, sur les dessins du P. Durand, jésuite; elle dépendait de la maison professe de la compagnie de Jésus. Elle est ornée de magnifiques sculptures.

ARSENAL.

Boulevart Bourdon.

Sur l'emplacement de l'Arsenal existaient, en 1533, les Granges de l'Artillerie de la Ville. François Ier s'en empara et y fit construire des forges pour son artillerie. Henri II y ajouta un des moulins à poudre qui firent explosion en 1563. Charles IX les fit reconstruire. Sully, grand-maître de l'artillerie, logeait à l'Arsenal. Richelieu l'occupa temporairement. Sous Louis XIV, ces vastes ateliers ne servirent plus qu'à des fonderies de bronzes d'art. C'est aussi là que se tint la Chambre ardente, spécialement chargée de juger les empoisonneurs. L'Arsenal fut reconstruit en 1718 et supprimé en 1788.

BIBLIOTHÈQUE DE L'ARSENAL.

Cette bibliothèque a été fondée par M. le marquis d'Argenson en 1680; cent ans plus tard, le comte d'Artois l'acheta. Elle contient 180,000 volumes et 6,300 manuscrits.

PLACE DE LA BASTILLE.
Colonne de Juillet.

La Bastille fut construite par Charles V en 1370 Charles VI en fit une forteresse et une prison d'État. Elle a renfermé, entre autres prisonniers célèbres, le comte d'Armagnac sous Louis XI, le duc de Biron, Bassompierre, le grand Condé, Fouquet, Le Maistre de Sacy, le duc de Lauzun, le chevalier de Rohan, le duc de Richelieu trois fois, le cardinal de Rohan, Voltaire et Latude.

La démolition de cette prison d'État avait déjà été ordonnée par Louis XVI quand, le 14 juillet 1789, le peuple de Paris, préludant à la Révolution française, en fit le siége, et la démolit de fond en comble. On n'y trouva que sept prisonniers.

Sur l'emplacement de la Bastille, on vit longtemps un énorme éléphant en maçonnerie, qui fut abattu pour faire place à une belle colonne érigée en l'honneur des combattants de Juillet. Elle est en bronze ainsi que son escalier intérieur, et porte sur son sommet la statue en bronze doré du Génie de la Liberté.

C. SOURY D.

Imp. Wiesener.

XME ARRONDISSEMENT.

SAINT-THOMAS-D'AQUIN.

Cette paroisse du dixième arrondissement dépendait autrefois du couvent des Jacobins réformés; elle a été commencée en 1683 et achevée en 1779. On remarque à l'intérieur un Saint Thomas d'Aquin apaisant la tempête, par Scheffer.

ÉGLISE DES MISSIONS ÉTRANGÈRES.
Rue du Bac.

Cette église, bâtie en 1683, renferme de belles peintures, entre autre une Adoration des Mages par Vanloo.

Le Séminaire des Missions étrangères a été fondé en 1663 pour propager la religion chrétienne chez les peuples infidèles. Supprimé en 1792, il fut rétabli en 1804.

SAINTE-CLOTILDE.

Sur la place Bellechasse s'élève une église ogivale dédiée à sainte Clotilde et qui doit remplacer Sainte-Valère, devenue insuffisante aux besoins du quartier.

PALAIS DU QUAI D'ORSAY.

Le palais du quai d'Orsay, commencé sous Napoléon Ier, par l'architecte Bonnard et terminé en 1841 par M. Henry Lacornée, avait été dans l'origine destiné au ministère des affaires étrangères. On voulut lors de son achèvement y installer le ministère des travaux publics, l'école des ponts-et-chaussées et celle des mines. Ce projet ayant été abandonné, il fut décidé que le conseil d'État et la cour des comptes prendraient possession du monument. Mais les archives de la cour des comptes ont été transférées dans un hôtel restauré à cet effet et situé rue de Lille, 100.

PALAIS DE LA LÉGION D'HONNEUR.
Rue de Lille.

Ce palais a été construit par le prince de Salm en 1786. Après la mort du prince, décapité en 1792, son hôtel fut mis en loterie et gagné par un coiffeur. Madame de Staël l'a habité sous le Directoire. En 1803, l'État fit l'acquisition de cet hôtel et l'appropria à la résidence du chancelier de l'ordre de la Légion d'honneur.

Sur le frontispice du palais, on lit la devise de l'ordre : Honneur et Patrie,

PALAIS DES BEAUX-ARTS.
Rue Bonaparte.

Ce palais remplace l'ancien musée des monuments français. Il fut commencé en 1832 par l'architecte Debret et terminé par M. Duban. Les deux cours sont séparées par l'arc de Gaillon, fragment précieux du château construit pour le cardinal Georges d'Amboise à Gaillon. A droite, dans la première cour, se trouve le portail du château d'Anet, construit en 1548, pour Diane de Poitiers, par Philibert Delorme et Jean Goujon. Les salles de ce palais servent aux expositions des œuvres des élèves de l'école française à Rome. Une salle contient les tableaux des premiers grands prix de peinture. On admire dans l'hémicycle du grand amphithéâtre la fresque de M. Paul Delaroche, et dans une salle d'exposition la copie, par Sigalon, du Jugement dernier de Michel-Ange.

L'École des Beaux-Arts a été fondée en 1819 par le roi Louis XVIII. Elle comprend l'enseignement gratuit de la peinture, de la sculpture et de l'architecture. Les élèves qui ont obtenu le premier grand prix dans chacune de ces branches, sont envoyés par le gouvernement à Rome, où ils restent trois ans défrayés de tout.

HOTEL DES INVALIDES.

Henri IV eut le premier l'idée de faire construire un asile spécial où ses vieux compagnons d'armes pussent panser leurs glorieuses blessures et finir leur vie à l'abri du besoin ; à cet effet, il leur assigna l'hôtel de Lourcine. Louis XIII voulant continuer l'œuvre de son père plaça les invalides militaires à Bicètre.

Louis XIV fonda l'hôtel actuel en 1671, sur les plans de l'architecte Bruant. Le dôme est le chef-d'œuvre de Mansard ; il est recouvert en plomb doré. Il contient trois coupoles dont l'une, peinte par Lafosse, représente la Gloire des Bienheureux.

La décoration de l'hôtel des Invalides est splendide; dans toutes les parties des bâtiments, on trouve les traces de la magnificence du grand roi. Tout y est grandiose, les bannières qui ornent l'église, la vaisselle plate des officiers et la cuisine, les statues, les canons, les jardins, les peintures, captivent et retiennent l'attention et excitent l'admiration du visiteur.

TOMBEAU DE L'EMPEREUR NAPOLÉON Iᵉʳ.

Le corps de Napoléon rapporté de Sainte-Hélène a été déposé provisoirement, le 15 décembre 1840, dans la chapelle Saint-Jérôme. L'épée du grand capitaine fut placée sur son tombeau.

Le Tombeau de l'Empereur Napoléon est construit en granit et porphyre. Il occupe une chapelle souterraine située au-dessous du dôme. On y pénètre par une porte en bronze flanquée de deux statues colossales du même métal, représentant la Force civile et la Force militaire, œuvres de M. Duret. Le sarcophage est entouré de douze statues de Pradier.

ÉCOLE IMPÉRIALE D'ÉTAT-MAJOR.
Rue de Grenelle-Saint-Germain, 136.

Cette école spéciale est destinée à former des officiers d'état-major. Les vingt premiers qui sortent de Saint-Cyr passent deux années dans cet établissement pour terminer leurs études.

PALAIS DE L'INSTITUT DE FRANCE.

Quai Conti.

Fondé autrefois sous le titre de Collége des Quatre-Nations, cet établissement était destiné par son fondateur (Mazarin 1661) à loger, nourrir et instruire dans la religion et les lettres soixante jeunes gens originaires de Pignerol, d'Alsace, de Flandre, ou du Roussillon. Il fut élevé sur les dessins de l'architecte Leveau.

En 1806, le Collége des Quatre-Nations fut affecté aux séances de l'Institut. L'ancienne église devint une salle de séances publiques.

Il faut remarquer dans cet édifice la façade admirablement placée dans l'axe du Louvre, le portail qui fait avant-corps, et le dôme qui la surmonte. L'ancienne église du Collége était ornée du tombeau du cardinal Mazarin. Ce monument, œuvre de Coysevox, a été transporté au Louvre.

L'Institut de France embrasse cinq académies : 1° l'académie française, fondée en 1635 par Richelieu ; 2ᵛ l'académie des inscriptions et belles-lettres, fondée en 1663 ; 3° l'académie des sciences, fondée en 1666, divisée en onze sections ; 4° l'académie des beaux-arts ; 5° et l'académie des sciences morales.

L'Institut renferme aussi une bibliothèque contenant 100,000 volumes d'ouvrages très précieux.

BIBLIOTHÈQUE MAZARINE.

Dans le pavillon de l'est des bâtiments de l'Institut est située la bibliothèque fondée par le cardinal Mazarin ; elle a été formée par les soins du savant Naudet. Elle renfermait lors de sa fondation (1648) 40,000 volumes; aujourd'hui, elle contient 150,000 ouvrages et 4,000 manuscrits.

INSTITUTION IMPÉRIALE DES JEUNES AVEUGLES.

Boulevart des Invalides.

Cette école a été fondée en 1791 par Haüy; elle admet les élèves de dix à quatorze ans qui sont instruits dans les diverses branches d'éducation; elle renferme deux cent cinquante élèves. On peut la visiter en s'adressant au directeur.

ÉCOLE DES PONTS-ET-CHAUSSÉES.

Rue des Saints-Pères.

Cet établissement reçoit les élèves sortis de l'École polytechnique et les instruit dans les sciences spéciales aux ponts-et-chaussées.

HOTEL DES MONNAIES.

Quai Conti.

La première pierre de cet édifice a été posée en 1771 par l'abbé Terray, surintendant des finances; il a été construit sur les plans de l'architecte Denis-Antoine Jacques. L'établissement consacré à la fabrication des monnaies a été successivement situé dans la Cité, dans la rue de la Vieille-Monnaie, dans la rue de la Monnaie, et enfin sur le quai Conti, où il est actuellement.

La façade sur le quai Conti est ornée de six statues, la Prudence, la Force, le Commerce, l'Abondance, la Loi, la Paix. L'intérieur de l'hôtel est divisé en trois cours, dont la plus spacieuse est entourée d'une galerie de quarante mètres de longueur.

L'hôtel des Monnaies contient la plus riche collection monétaire de toute l'Europe; on y voit les médailles des rois de France de tous les siècles depuis le sixième. La série de Louis XIV est la plus remarquable.

PALAIS DU CORPS LÉGISLATIF.
(ANCIENNE CHAMBRE DES DÉPUTÉS.)
Place du palais Bourbon.

Cet édifice fut commencé en 1722, sur les dessins de l'architecte italien Girardini. Il était destiné à Louise-Françoise, duchesse douairière de Bourbon. Le prince de Condé en devint possesseur et dépensa des sommes énormes pour son achèvement, qui eut lieu en 1789. Sous la Convention, il fut occupé par une administration militaire, puis par l'École des Travaux publics, origine de l'École polytechnique. Le Conseil des Cinq-Cents l'occupa en 1795. Plus tard le Corps législatif en prit possession. En 1814, le palais Bourbon fut restitué au prince de Condé, qui en vendit en 1829 une partie à l'État, moyennant 5 millions et demi. L'autre partie réservée par le prince échut par héritage en 1830 au duc d'Aumale, qui la loua au gouvernement pour y loger le président de la Chambre des Députés.

En 1848, on avait élevé dans la cour d'honneur une salle provisoire pour l'Assemblée constituante. Elle a été abattue en 1852.

Le palais du Corps législatif contient une bibliothèque riche de 50,000 volumes. On peut la visiter avec une permission demandée par écrit.

Les salles de conférences et les salons de ce palais contiennent de magnifiques sculptures et des peintures de nos meilleurs artistes modernes.

GARDE-MEUBLE DE LA COURONNE.

Quai d'Orsay.

Avant la Révolution, le public était admis à visiter les joyaux, armes, diamants et autres richesses qui appartenaient aux rois de France. Cette collection, une des plus belles de l'univers, fut successivement placée au Louvre, à l'hôtel du Petit-Bourbon, à l'hôtel Conti, quai Conti, à l'hôtel d'Évreux, enfin en 1770 place de la Concorde, dans les bâtiments qu'on nomme encore le Garde-Meuble. Sous l'Empire, le Garde-Meuble fut transféré rue des Champs-Élysées, 6, et sous la Restauration, dans les bâtiments des Menus-Plaisirs, au faubourg Poissonnière. Il est aujourd'hui près du Champ-de-Mars, rue de l'Université.

Parmi les diamants de la couronne, on distingue le Régent et le Saucy. Les armes de l'ancienne collection royale ont été réunies au Musée d'artillerie.

Cet établissement n'est pas ouvert au public.

MUSÉE D'ARTILLERIE.

Place Saint-Thomas-d'Aquin.

La première collection d'armes royales anciennes et modernes ainsi que des premiers canons qui ont été fondus a été formée par Napoléon Ier, alors qu'il n'était encore que général. Ce superbe musée est établi dans les anciens bâtiments dépendants de l'ancien couvent des dominicains. Il est public le dimanche.

MANUFACTURE DES TABACS.
Quai d'Orsay.

Cet établissement mérite d'être visité à cause de son importance et des curieux détails de fabrication qu'il offre aux curieux.

HOPITAL DE LA CHARITÉ.
Rue Jacob.

Il fut fondé en 1613 par les frères de la Charité. Il contient 400 lits. L'aspect de l'édifice sur la rue Jacob a quelque chose de monumental que les bâtiments intérieurs sont loin de présenter.

On y entre le dimanche et le jeudi, de une heure à trois heures.

HOSPICE DES INCURABLES (FEMMES).
Rue de Seine, 54.

Cet établissement charitable fut fondé en 1637 par Marguerite Rouilli, femme d'un conseiller au Châtelet, avec l'aide du cardinal de La Rochefoucauld. Jusqu'en 1802, on y soignait les incurables des deux sexes. Depuis cette époque, ils ont été séparés.

La chapelle renferme le tombeau du cardinal fondateur.

HOSPICES DES MÉNAGES.
Rue de la Chaise.

Cet hospice renferme 700 lits. Il est destiné aux vieillards, qui, moyennant une pension, peuvent y vivre tranquillement. On y entre tous les jours.

HOPITAL DES ENFANTS MALADES.
Rue de Sèvres, 149.

Fondé en 1732 par M. Lanquet, curé de Saint-Sulpice; il doit être transporté au faubourg Saint-Antoine, dans des bâtiments qui s'élèvent sous les auspices de l'impératrice Eugénie.

HOSPICE D'ENGHIEN.
Rue de Babylone, 12.

Créé en 1819 par la duchesse de Bourbon. Il contient 60 lits.

HOPITAL MILITAIRE DU GROS-CAILLOU.
Rue Saint-Dominique.

Il fut fondé par le duc de Biron en 1765, pour les gardes-françaises. Il contient 1,200 lits et une jolie chapelle. On n'y reçoit que des militaires.

FONTAINE DU GROS-CAILLOU.

Vis-à-vis de l'hôpital, fut élevée en 1813, une fontaine représentant la déesse Thygie venant au secours des soldats blessés.

PRISON DES CONSEILS DE GUERRE.
Rue du Cherche-Midi.

Cette Maison de détention est destinée à renfermer les militaires accusés qui doivent passer devant le conseil de guerre. Elle remplace la prison de l'Abbaye.

CHAMP-DE-MARS ET CASERNE DE L'ÉCOLE MILITAIRE.

Le Champ-de-Mars sert aux manœuvres des régiments, des revues militaires et aux courses de chevaux. Son étendue est de 900 mètres de long sur 450 mètres de large. La cérémonie de la fédération de 1789, le supplice de Bailly, maire de Paris en 1793, le Champ de Mai en 1815, eurent lieu au Champ-de-Mars.

Au sud de la place, est située la belle caserne de l'École Militaire, qui contient de l'infanterie, de la cavalerie et de l'artillerie.

CASERNE DE CAVALERIE DU QUAI D'ORSAY.

Vaste édifice situé sur le quai d'Orsay et rue Belle-chasse.

FONTAINE DU MARCHÉ DE SÈVRES.

Elle est représentée par une statue égyptienne qui verse de l'eau dans un bassin.

ABATTOIR DE GRENELLE ET PUITS ARTÉSIEN.
Barrière de Sèvres.

Construit en 1812 par M. de Gisors. Il contient le puits artésien de Grenelle, percé en 1841 par M. Mulot, à une profondeur de 600 mètres. Ce puits fournissant 4300 mètres d'eau par jour, pouvant s'élever à une hauteur de 33 mètres, vient alimenter le regard de la rue Racine.

FONTAINE DE GRENELLE.
Rue Grenelle-Saint-Germain, 57.

Cette magnifique fontaine fut commencée en 1739 et finie en 1745, elle fut exécutée entièrement par le célèbre sculpteur Bouchardon, elle représente en marbre la ville de Paris, ayant la Seine et la Marne à ses côtés; les niches sont ornées par des statues des quatre saisons.

FONTAINE DE LA RUE DU REGARD.

Elle fut construite en 1806 par Brale, et décorée par Valois, elle représente l'épisode mythologique de Jupiter et Leda.

PLACE DU PALAIS BOURBON.

Devant la principale entrée du Corps Législatif, a été ménagée une place construite uniformément, au milieu de laquelle s'élève un piédestal, sur lequel on n'a encore posé que des statues provisoires de toutes sortes et de tous régimes.

MINISTÈRE DES AFFAIRES ÉTRANGÈRES.
Quai d'Orsay.

Ce magnifique édifice a été construit pour remplacer l'ancien hôtel du boulevart des Capucines, dont les terrains ont été vendus à différents particuliers.

Le bureau de la légalisation des passeports est public tous les jours ; le bureau des renseignements n'est ouvert que les mardis et vendredis.

MINISTÈRE DE L'INTÉRIEUR.

Hôtel du ministre, rue de Grenelle-Saint-Germain, 101.

Bureaux : rue de Grenelle-Saint-Germain, 103 ; rue de Bellechasse, 66, rue de Varennes, 66.

Le ministre accorde des audiences particulières sur demande écrite. Les chefs de division reçoivent les mardis. jeudis et samedis.

MINISTÈRE DE LA GUERRE.
Rue Saint-Dominique, 90.

Le ministre donne des audiences sur lettres motivées. Le public est admis le mercredi, de 2 à 5 heures.

Le dépôt de la guerre est situé rue de l'Université, 61. C'est dans cette administration qu'est élaborée la carte de France, dont plusieurs feuilles ont déjà paru.

On trouvera encore dans le Mémorial du dépôt de la guerre, tous les documents concernant les attributions de cet établissement.

MINISTÈRE DE L'INSTRUCTION PUBLIQUE ET DES CULTES.

L'administration des cultes est établie place Vendôme, 13, dans l'hôtel du Ministère de la Justice.

Les bureaux sont ouverts le jeudi de midi à 3 heures.

MINISTÈRE DES TRAVAUX PUBLICS, DU COMMERCE ET DE L'AGRICULTURE.

Rue Saint-Dominique-Saint Germain.

Le ministre accorde des audiences sur demande écrite et motivée.

Le secrétaire-général reçoit le mardi et le jeudi.

Les bureaux sont ouverts au public, les mardis et vendredis de 2 à 4 heures.

La direction des chemins de fer est rue Saint-Dominique.

La direction de l'agriculture et du commerce, rue de Varennes.

XIME ARRONDISSEMENT.

SAINT-SULPICE.

Commencée en 1646 par la reine Anne d'Autriche, con
tinuée jusqu'en 1733 et non encore achevée, cette église a
eu pour architecte Louis Leveau, Servandoni, Maclaurin
et Chalgrin ; à l'intérieur, Saint-Sulpice offre de très belles
parties, entre autres, la chapelle de la Vierge éclairée
par un jour mystérieux, le buffet d'orgues, la chaire et la
méridienne tracée en 1743.

SAINT-SEVERIN.

Rue Saint-Severin.

Le style d'architecture de cette remarquable église, contient les deux types principaux du moyen-âge : le roman
et le gothique ; le portail septentrional a été décoré avec
le porche de l'antique église de Saint-Pierre-aux-Bœufs :
les vitraux de l'abside sont d'une grande beauté.

SAINT-GERMAIN-DES-PRÉS.

Ce monument doit être considéré comme infiniment précieux sous le rapport de l'art, c'est le seul de Paris où l'on retrouve les vestiges de construction mérovingienne. Il fut construit au sixième siècle par Childebert Ier. Reconstruit aux onzième et douzième siècles, tout en conservant certaines parties notables de son origine. On trouve dans cette église des sculptures qui datent du dixième siècle.

ÉGLISE DE LA SORBONNE.

Place de la Sorbonne.

Elle fut fondée en 1253 par Robert de Sorbon, sous l'invocation de la Vierge, rebâtie en 1326, et dédiée à sainte Ursule ; reconstruite en 1626 par le cardinal de Richelieu. dont elle renferme le tombeau, chef-d'œuvre de Girardon.

COLLÉGE DE SORBONNE.

Fondé en 1252 par Robert de Sorbon, confesseur de saint Louis, les bâtiments en furent restaurés au 17e siècle, par le cardinal de Richelieu. On y enseigne publiquement les sciences, les lettres et la théologie, suivant un programme publié chaque année, et indiquant les noms des professeurs et les cours qu'ils professent. Ces cours ont pris le nom de Faculté des Sciences et des Lettres, ils ont toujours été faits par les plus éminents savants de l'époque.

LYCÉE SAINT-LOUIS.
Rue de la Harpe.

Ancien collége d'Harcourt, du nom de son fondateur en 1280, il a été rebâti et considérablement agrandi depuis vingt ans.

COLLÉGE STANISLAS.
Rue Notre-Dame-des-Champs.

Cet établissement particulier est devenu un collége municipal, où l'on professe le même enseignement que dans les lycées.

ÉCOLE IMPÉRIALE DES MINES.
Rue d'Enfer, 34.

Placé dans l'ancien hôtel Montebello, cet établissement spécial reçoit les élèves sortants de l'École polytechnique, et les garde un certain temps avant de leur délivrer leurs diplômes d'ingénieurs des mines.

SÉMINAIRE SAINT-SULPICE.

Le curé de Saint-Sulpice, Jacques Olier, fonda en 1645 le Séminaire de Saint-Sulpice, il a été réédifié en 1820. Ce vaste établissement contient 220 chambres, on y élève 160 étudiants en théologie.

ÉCOLE DE MÉDECINE.

Rue de l'École de Médecine, 14.

La Faculté de médecine de Paris a son école au centre du quartier des étudiants. Cet édifice fut commencé en 1769 par Goudouin, et terminé en 1786. C'est dans les différentes salles de cette école que se font les cours de médecine et de chirurgie, auxquels assistent 3,900 élèves qui habitent Paris.

CLINIQUE DE L'ÉCOLE DE MÉDECINE.

Cet établissement situé vis-à-vis de l'École de Médecine, est principalement destiné à l'enseignement pratique de l'art. Il contient 150 lits, on y traite les maladies qui peuvent le plus donner lieu aux observations des professeurs.

MUSÉE DUPUYTREN.

Près de la Clinique est placé le Musée Dupuytren, formée avec la collection du célèbre praticien, il contient les modèles en cire des plus laides affections cutanées. Il est ouvert au public tous les jours.

BIBLIOTHÈQUE DE L'ÉCOLE DE MÉDECINE.

Elle est placée dans les bâtiments de l'École et contient 35,000 volumes d'ouvrages traitants de la médecine et de la chirurgie.

ÉCOLES GRATUITES DE DESSIN.

Rue de l'École de Medecine, 5.

Celle pour les ouvriers fut fondée en 1767 par M. Bachelier, on y enseigne le dessin appliqué aux arts.

Celle pour les jeunes personnes, est rue Dupuytren, 7. On y enseigne le dessin appliqué plus spécialement aux arts des femmes.

MARCHÉ AUX FLEURS.

Quai aux Fleurs.

Il tient les mercredis et samedis, c'est là qu'on vend les plus belles fleurs qui s'apportent à Paris, Il est orné de deux fontaines. C'est une promenade très fréquentée les jours de marché.

MARCHÉ SAINT-GERMAIN.

Le Marché Saint-Germain fut bâti par Blondel en 1811. Il se compose de quatre corps de bâtiments symétriques, au milieu est une jolie fontaine.

Le Marché aux Oiseaux s'y tient le dimanche.

LA VALLÉE ou MARCHÉ A LA VOLAILLE.

Quai des Grands-Augustins.

Il fut construit en 1810, à la place qu'occupait l'église du couvent des Augustins. Ce marché tient les mercredis et samedis ; on y vend le gibier et la volaille.

PLACE ET FONTAINE DAUPHINE.

Cette place dont l'architecture n'offre rien de remarquable, doit son nom à la naissance de Louis XIII ; elle est décorée d'une fontaine érigée en 1802, et surmontée du buste du général Desaix, tué à Marengo.

PLACE ET FONTAINE SAINT-SULPICE.

La place Saint-Sulpice se trouve bornée par l'église de ce nom, le séminaire, la mairie du 11ᵉ arrondissement, et des maisons particulières ; elle est garnie d'arbres et pavée, avec des trottoirs et une chaussée d'asphalte, sur laquelle se tient le Marché aux Fleurs. Au milieu de cette place s'élève une belle fontaine, érigée en 1847, par l'architecte Visconti, elle est décorée de magnifiques lions sculptés, et des statues de Bossuet, Fléchier, Massillon et Bourdaloue.

Dans la rue Garancière, derrière Saint-Sulpice, se trouve une fontaine qui a été fondée par la princesse palatine, mère du Régent.

Bassins de la rue Racine, destinés à recevoir les eaux du canal de Lourcq, ils contiennent 60,000 mètres cubes d'eau.

MAIRIE DU ONZIÈME ARRONDISSEMENT.

Cet édifice a été bâti en même temps que la fontaine, il est simple et élégant, et sur une étendue de terrain assez restreinte, il offre des emménagements suffisants et commodes.

Derrière cette Mairie, se trouve une École gratuite de garçons et une de filles.

Imp. Wiesener

PONT-NEUF.

PONT-NEUF.

Le roi Henri III posa la première pierre du Pont-Neuf, le 31 mai 1588; les travaux en furent confiés à Jacques Androuet du Cerceau, il ne fut achevé qu'en 1607.

Ce pont a relié au moyen de transports de terre, l'île de la Cité à l'île du Passeur-aux-Vaches, où fut brûlé, le 11 mars 1314, Jacques Molay, Grand-Maître de l'ordre des Templiers. Il fut réparé en 1775, et l'on construisit des boutiques dans les demi-lunes où sont aujourd'hui établis des bancs de pierre. Ce pont vient d'être embelli, et la chausée en a été abaissée de plusieurs mètres. Il existait près de ce pont un établissement hydraulique établi au seizième siècle, sous le nom de Samaritaine, destiné à fournir d'eau de la Seine les quartiers nouveaux qui en étaient privés, il ne reste plus trace de ce bâtiment.

La statue de Henri IV, placée sur le terre-plein du Pont-Neuf, due au ciseau de M. Lemot, a été coulée en bronze en 1818, elle remplace celle que Louis XIII y établit en 1614, et qui fut fondue en 1792 pour faire des canons.

PALAIS ET JARDIN DU LUXEMBOURG ET DU SÉNAT.

Cette magnifique résidence fut achetée en 1683, par le duc Piney de Luxembourg, qui lui a laissé son nom; 30 ans plus tard, Marie de Médicis l'acheta ainsi que les vastes terrains qui en dépendaient, puis elle chargea Jacques Desbrosses de lui construire un palais semblable au palais Pitti de Florence, Depuis son achèvement jusqu'en 1791, ce palais fut habité par les princes du sang, le dernier fut le comte de Provence. La révolution en fit une prison, le Directoire l'occupa, il devint le Palais du Consulat, puis le Palais du Sénat conservateur, en 1814, la Chambre des Pairs y tint séances, aujourd'hui c'est le Sénat qui l'occupe.

MUSÉE DU LUXEMBOURG.

Ce palais renferme un musée consacré à l'exposition des meilleures peintures et des sculptures des artistes vivants. Il est ouvert au public le dimanche, et aux artistes, tous les autres jours, sauf le lundi.

Les salles du Musée, les différentes parties du Palais, renferment des chefs-d'œuvres de peinture et de sculpture dont l'énumération est trop longue à faire, et que le visiteur doit voir avec attention.

Le jardin a été planté par Jacques Debrosse, c'est une des plus charmantes promenades.

Le Petit-Luxembourg est une des dépendances du grand palais, il a été construit pour le cardinal de Richelieu, qui y habita jusqu'à l'achèvement du Palais-Cardinal ; il fut possédé par la duchesse d'Aiguillon, le prince de Condé, la princesse Palatine ; Bonaparte consul, en occupa le rez-de-chaussée. Il est la résidence du président du Sénat.

THÉATRE IMPÉRIAL DE L'ODÉON.

Ce théâtre le plus monumental de Paris, et dont les dispositions sont remarquables, est le seul de la rive gauche de la Seine, il a été construit en 1779, incendié en 1797, puis en 1818, la façade est peut-être un peu sévère, mais le péristyle intérieur est d'une magnifique ordonnance. Il domine la place de l'Odéon, bien disposé pour mettre en évidence le théâtre qui lui donne son nom.

On joue à l'Odéon le même répertoire qu'aux Français.

PALAIS DES THERMES.

Rue de la Harpe

Le palais des Thermes fut construit vers le quatrième siècle, par Constance Chlore, qui gouverna les Gaules pendant 14 ans. Il fut l'habitation des empereurs romains Julien, Valentinien et Valens. Sous la première race, quelques rois l'ont habité. Enfin, il fut ruiné par les Normands, et cette ancienne demeure des empereurs Romains et des Rois Francs, fut vendue par Philippe-Auguste, à Henri son chambellan, moyennant douze deniers parisis.

HOTEL CLUNY.

Rue des Mathurins-Saint-Jacques.

En 1334, Pierre de Chasles abbé de Cluny, acheta une partie du palais des Thermes, et y établit la Maison de Cluny ; les abbés de Cluny entreprirent de bâtir l'hôtel de Cluny, qui ne fut terminé qu'en 1505, par Jacques Amboise, sous Henri III ; ce palais servit aux représentations des comédiens, qui y attiraient beaucoup de monde. Ces représentations cessèrent en 1584, lorsque l'hôtel devint la résidence du cardinal de Lorraine.

Tout en appartenant aux abbés de Cluny, leur hôtel servit de demeure aux premières religieuses de Port-Royal, à la révolution, il fut transformé en Observatoire.

Quelques parties de l'édifice actuel sont remarquables par leur architecture du seixième siècle ; entr'autres, il faut citer, la chapelle, la tourelle et les fenêtres.

MUSÉE DE CLUNY.

Hôtel Cluny.

Dans les dépendances de l'Hôtel Cluny, M. Dusommerard établit une collection d'objets des premiers siècles de la renaissance, il en fit un Musée, qui fut plus tard acheté par l'État.

Ce Musée est ouvert au public le dimanche.

PALAIS DE JUSTICE.

Après le palais des Thermes, le Palais de Justice est le plus ancien de Paris, il existait sous la domination romaine. Sous la première race, c'était un palais fortifié. Robert-le-Pieux le fit reconstruire entièrement, il fut alors habité par les rois jusqu'à Charles V. Saint-Louis l'agrandit et en modifia les dispositions, il y fit construire la Sainte-Chapelle. Philippe-le-Bel y fit travailler et y installa une partie de la justice ; depuis Charles V, il fut occupé par les différentes cours judiciaires, et aussi par des rois. François Ier l'habita. Quoique ce palais fut devenu la résidence du parlement, la grande salle construite par J. Debrosse (aujourd'hui salle des Pas-Perdus) continua de servir aux rois pour les grandes cérémonies.

Le palais fut incendié deux fois, en 1618 et 1776.

Les réparations dont il est aujourd'hui l'objet en feront un édifice immense et du plus grand intérêt pour l'art.

La Tour de l'Horloge, et l'ancienne horloge de Henri III, ont été entièrement restaurés.

C'est sur la place du Palais de Justice, qu'étaient exposés les criminels, et marqués de la main du bourreau.

CONCIERGERIE.

Cette prison, qui avait toujours été la demeure des portiers du palais, devint la prison du Parlement. Elle est sous les voûtes mêmes du Palais de Justice. Cette prison est célèbre par les coupables et les victimes qu'elle a renfermés, Ravaillac et Damiens, Bailly, Robespierre, Louvel et Fieschi. Marie-Antoinette, Madame Élisabeth et Malesherbes.

Dans la cour dite de la Sainte-Chapelle, dépendant du Palais de Justice, se trouve :

LA SAINTE CHAPELLE.

Ce chef-d'œuvre d'architecture gothique fut construit par saint Louis en 1245, sur le plan de Pierre de Montereau ; l'édifice se compose de deux églises, l'une basse, l'autre haute, toutes deux également légères, gracieuses et ornées de vitraux, peut-être les plus beaux qui existent en France.

La restauration complète de ce monument a été faite avec la plus scrupuleuse fidélité historique et archéologique, sous la direction de M. Lassus, rien de plus élégant que la flèche qui vient d'être rétablie sur les anciens dessins.

Plus loin, sur le quai des Orfèvres est située la Préfecture de Police.

PRÉFECTURE DE POLICE.

Ce vaste établissement qui renferme la demeure de M. le Préfet de Police, doit être considérablement agrandi, nous ne pouvons citer à la curiosité du visiteur que la cour d'honneur, dont les bâtiments du temps de Henri IV, offrent de jolis détails et quelques peintures murales aujourd'hui dégradées par le temps.

La Préfecture de Police renferme une bibliothèque, composée principalement d'archives très curieuses.

Annexé à la Préfecture de Police, se trouve un dépôt destiné à l'incarcération momentanée des personnes arrêtées qui doivent être relaxées ou envoyées dans d'autres prisons ; il s'appelle Dépôt de la Préfecture de Police.

PONT AU CHANGE.

Ce pont, le plus ancien de Paris, doit son nom aux maisons de changeurs et d'orfèvres qui le garnissaient de chaque côté jusqu'en 1783. C'est le plus large de Paris, il vient d'être restauré, et avait été précédemment reconstruit par suite de ses destructions successives, causées soit par les inondations, soit par le feu.

PONT SAINT-MICHEL.

Construit en pierres en 1618, et débarassé de ses maisons en 1807. C'est le seul de Paris qui offre encore une voie aussi bombée.

PETIT PONT.

Il vient d'être entièrement reconstruit en une seule arche, c'est le pont de Paris qui a été le plus souvent détruit par les eaux.

Imp. Wiesener.

PANTHÉON.

XIIME ARRONDISSEMENT.

SAINT-ÉTIENNE-DU-MONT.

Place du Panthéon.

Le jubé seul de Saint-Étienne-du-Mont, suffirait pour placer cette église au nombre des plus remarquables de Paris. Le portail, d'architecture bizantine, est flanquée d'une haute tour carrée surmontée d'un campanille et accouplée à une petite tourelle très mince renfermant l'escalier. L'intérieur offre une ornementation mélangée de style ogival et renaissance, on y trouve de belles sculptures et une chaire à prêcher admirable, et de plus des peintures très estimées. Plusieurs personnages célèbres ont été inhumés dans cette église, entre autres, Lesueur, Racine et Pascal.

Saint-Étienne-du-Mont est toujours un but de pèlerinage pour les fidèles.

Ce monument date des douzième, seizième et dix-septième siècles.

ÉGLISE DE SAINTE-GENEVIÈVE.

Place du Panthéon.

L'Église Sainte-Geneviève fut consacrée par Clovis à saint Pierre et saint Paul ; les Parisiens, dans leur reconnaissance pour la patronne de Paris, conservèrent au monument la consécration sous laquelle il existe aujourd'hui. Cette église fut pillée et brûlée par les Normands au neuvième siècle, puis reconstruite au douzième, au dix-huitième, elle menaçait ruine. En 1764. Louis XV fit commencer sur les dessins de l'architecte Soufflot, le monument que nous admirons aujourd'hui. L'édifice n'était pas encore achevé en 1791, qu'un décret de l'Assemblée Constituante ordonna qu'il prendrait le nom de Panthéon, et serait destiné à la sépulture des grands hommes. En 1806, l'Empereur le rendit au culte. La restauration lui rendit son nom de Sainte-Geneviève. Louis-Philippe lui rendit sa destination révolutionnaire, Napoléon III inaugura son règne en rendant l'édifice au culte.

Sainte-Geneviève est le monument le plus élevé de Paris le point culminant de cet édifice est à 143 mètres 36 centimètres au-dessus du niveau de la mer.

La coupole peinte par Gros, est une admirable page de la peinture moderne.

SAINT-MÉDARD·

Rue Mouffetard , 141.

Cette église n'offre rien de remarquable qu'un tableau de Vandyk et un de Watteau. Elle est renommée dans l'histoire de la réformation, par le pillage qu'en firent les huguenots en 1561. C'est dans le couvent de Saint-Médard que se forma la secte des convulsionnaires.

SAINT-NICOLAS-DU-CHARDONNET·

Rue Saint-Victor, 104.

On remarque dans cette église de belles peintures de

Lebrun, Mignard, et de Destouches, et des sculptures de
Colignon, Coysevox et Girardon.

SAINT-JACQUES-DU-HAUT-PAS.
Rue Saint-Jacques, 254.

Construite en 1630 et achevée en 1688, par les libé-
ralités de la duchesse de Longueville et le zèle des ouvriers
du quartier, qui consacrèrent une journée par semaine.

SAINT-JULIEN-LE-PAUVRE.

Elle existait au sixième siècle, Grégoire de Tours y
logeait dans ses voyages à Paris. Elle sert de Chapelle à
l'Hôtel-Dieu.

OBSERVATOIRE.
Rue Cassini.

Construit par ordre de Colbert sur les dessins de
Perrault, commencé en 1667, il fut achevé cinq ans après.
On descend aux caves par 360 marches. Cet établissement
est affecté aux observations d'astronomie de météréologie
et de physique.

L'Observatoire renferme une bibliothèque d'ouvrages
spéciaux.

BIBLIOTHÈQUE SAINTE-GENEVIÈVE.
Place Sainte-Geneviève.

Cette bibliothèque qui a appartenu aux Génovéfains,
renferme 250,000 volumes et 3,000 manuscrits.

Les salles d'études sont ouvertes, éclairées et chauffées le soir.

ÉCOLE DE DROIT.
Place Sainte-Geneviève.

L'étude du droit commença à Paris en 1384, elle fut réorganisée sous Louis XIV. Les bâtiments de l'Ecole de Droit ont été construits en 1771 par Soufflot. On y enseigne le droit romain, le Code civil, et toutes les parties du droit en général.

COLLÉGE DE FRANCE.
Place Cambrai.

Il fut fondé par François 1er, sur la proposition du célèbre Budé. On y enseigne publiquement les langues mortes les langues vivantes, et toutes les sciences.

ÉCOLE DE PHARMACIE.
Rue de l'Arbalète, 19.

Des professeurs enseignent dans cet établissement, la théorie et la pratique de la préparation des remèdes de la médecine.

COLLÉGE LOUIS-LE-GRAND.
Rue Saint-Jacques, 123.

Fondé en 1560, par Guillaume Duprat, évêque de Clermont, il s'appela collége de Clermont, il appartint en

1563 aux jésuites. Il s'est appelé collége Louis-le-Grand
en 1682, en 1763 collége de Lisieux, en 1793, collége de
l'Égalité, en 1800 Prytanée Français, en 1804, Lycée impérial, en 1814 collége Louis-le-Grand.

LYCÉE NAPOLÉON.

(Ancien Collége Henri IV.)

Rue de Clovis, 1.

En 1814, il s'est appelé collége royal Henri IV. Il date
du quatorzième et du seizième siècle.

MANUFACTURE IMPÉRIALE DES GOBELINS.

En 1450, Jean Gobelin établit sur l'emplacement de la
manufacture impériale actuelle, une teinturerie qui devint
célèbre sous sa direction et celle de ses petits-enfants. Cet
établissement a donné son nom au quartier et à la rivière
qui le traverse. Il fut considérablement augmenté sous
Louis XIV, et érigé en manufacture royale. Les tapis de
cet établissement les plus beaux du monde, sont d'un
prix inestimable.

On peut visiter les produits des Gobelins, les samedis de
2 à 4 heures.

TABLEAU DES MONNAIES LES PLUS USUELLES.

AMBASSADES ET CONSULATS.

Postes aux Lettres.

TARIF DES VOITURES DE PLACE.

TABLEAU

DES

MONNAIES LES PLUS USUELLES

EN CIRCULATION DANS LES DIFFÉRENTS PAYS,

avec leur valeur courante.

FRANCE.

Métal.		fr.	c.
Or.	Pièces de..	40	»
	» de..	20	»
	» de..	10	»
	» de..	5	»
Argent.	Pièces de..	5	»
	» de..	2	»
	» de..	1	»
	» de..	»	50
	» de..	»	20
Billon.	Pièces de ....(décime)	»	10
	» de..	»	5
	» de	»	1

EMPIRE D'AUTRICHE.

Or.	Ducat, *ad legem imperii*.....	11	80
	Double ducat.................................	23	60
	Quadruple ducat.............................	47	20
	Kremnitz ducat..............................	11	80
	Souverain, Autriche, Bohème, à 13 fl. 20 kreutzers.	35	10
Argent.	Rixdale. species thaler, écu de la cour, de 1753..	5	15
	Florin. Convention allemande de 1753, reinischer gulden..	2	40
	3 lires, species thaler d'Autriche, 1 florin de Vienne	2	55
	6 lires, species thaler, scudo, 2 florins de Vienne	5	10
	Kopfstück d'Autriche.........................	»	80
	1/2 florin, 30 kreutzers, halber corrent gulden...	1	20
	1,3 de florin, kopfstück de 20 kreutzers.........	»	80
	Gulden ou florin..............................	2	10
	Zwey-gulden, double-gulden, 2 florins...........	4	20
	3 1/2 gulden, 3 1 2 florins, double thaler......	7	35
	Thaler, rixdale de 100 kreut., à 30 silbergroschen.	3	70
	Guter groschen, bon gros, 12 pfennings.........	»	15
	Kronenthaler, couronne.......................	5	25

EMPIRE D'AUTRICHE (*suite*).

Métal.		Fr.	c.
Argent.	Kreutzers, 1/90 thaler, 1/60 gulden............	»	4
	10 kreutzers, pièce de......................	»	40
	20 kreutzers......................	»	80
	Kreutzer, 24 pour un florin argent de l'empire d'Allemagne............................	3	50

ROYAUME LOMBARDO-VÉNITIEN.

Or.	Écu (scudo d'oro).........................	144	35
Argent.	Pièces de 10 livres.......................	5	26

ROYAUME DE BAVIÈRE.

Or.	Ducat.............................	11	80
Argent.	Écu ou rixdale (species reichsthaler)............	5	15
	Rixdale courant (monnaie de compte)...........	3	24
	Kopfstück ou 20 kreutzers...................	»	80
	Florin (Gulden) à 60 kreutzers..............	2	10
	Kronenthaler (écu ou couronne)...............	5	70
	6 kreutzers........................	»	18
	3 kreutzers.........................	»	9
	Écu de convention (30 juillet 1838) de 3 1/2 gulden ou florins ou de 2 thalers...................	7	42
	Florins de 60 kreutzers....................	2	10

ROYAUME DE BELGIQUE.

Or.	Double souverain de Flandre et des Pays-Bas.....	35	26
	Pièce de.......................	40	»
	» de.......................	20	»
	» de.......................	25	»
	» de.......................	10	»
Argent.	Ducaton de Liége.......................	5	78
	Couronne de Brabant, écu croison.............	5	70
	Écu de Brabant.......................	5	70
	Lion-d'Argent de Belgique..................	6	35
	Florin courant (ancienne monnaie de compte)....	2	10
	Pièce de.......................	5	»
	» de.......................	2	50
	» de.......................	2	»
	» de.......................	»	50
	» de.......................	»	25
	1 fr. (nouvelle monnaie de compte réelle).......	1	»
Billon.	Cent............................	«	1
	5 cents Pays-Bas.....................	«	11
	10 »	«	21
	25 »	«	52

ROYAUME DE LA GRANDE-BRETAGNE.

Métal.		Fr.	c.
Or.	Guinée de 21 shillings.....................	26	45
	1/2, 1/3, 1 4 de guinée (valeur à proportion).....		
	Souverain de 20 shillings, à 12 pences........	25	»
	Double souverain.............................	50	»
	Livre sterling (monnaie de compte)............	25	»
Argent.	Crown ou couronne de 5 shillings............	5	70
	1/2 crown, 2 1,2 shillings...................	2	85
	Shilling, 12 pences 6 deniers................	1	10
	1/2 shilling, 6 pences 3 deniers.............	»	55
	Florin, 2 shillings..........................	2	25
	6 pences 2/3 de shilling.....................	»	60
Cuivre.	Penny, denier sterling, pence................	»	10
	Half penny, 1/2 penny, 1/2 denier sterling.....	»	5
	Denier one penny, 1/12 shillings.............	»	10
	2 deniers, two pences.......................	»	20
	1 2 denier, half-penny......................	»	5
	1/4 denier, farthing........................	2 c. 1 2	

MALTE.

Or.	Double louis d'Emm. de Rohan................	48	12
	Louis et 1/2 (à proportion)...................		
Argent.	Écu ou once de 30 tarins Rohan..............	5	49

ROYAUME DE DANEMARK.

Or.	Ducat spécies de Danemark...................	11	80
	Thaler à 96 shilling.........................	11	50
	Christian....................................	20	50
	Double Christian............................	41	»
	Frédéric....................................	20	30
Argent.	Rixdale ou double écu de 6 marcs ou 96 shillings danois...................................	5	65
	Écu ou rixdale courante, 6 marcs danois.........	4	95
	Ryksdaler, rigsdaler species..................	5	50
	2/3 ryksdaler ou double plott................	3	70
	20 shillings, americans-mynt.................	»	60

ROYAUME D'ESPAGNE.

Or.	Onça, once, doblon, quadruple d'Espagne.......	81	»
	Doblon, 50 pistoles, 100 scudo................	101	50
	» reine Isabelle, 100 réaux..............	25	80
	» pistole, 2 scudo.....................	20	20
	Pistole de 80 réaux..........................	20	20
	1 2 pistole, 40 réaux........................	10	10

ROYAUME D'ESPAGNE (*suite*).

Métal.		Fr.	c.
	1/4 pistole, 20 réaux..........................	5	5
	Pistole double, 1/2 quadruple..................	40	50
	» quadruple, onça, 16 piastres, 320 réaux..	81	»
	Vintein, 1/4 doblon, 1/4 pistole..............	5	5
	Piastre, coronilla, escudo, 1/4 pistole, 1/16 quadruple, 1/16 onça.....................	5	5
	Ecu, 1/2 pistole 1/8 once, 1/8 quadruple, 2 piastres d'or, 2 peso duro.......................	10	10
ARGENT.	Piastre, pezza, peso duro, peso fuerte, piastre de 8 réaux de plate ou de 20 réaux de vellon.......	5	30
	1/2 piastre, escudo de vellon...................	2	65
	Douro de 20 réaux.............................	5	30
	Medio douro, 1/2 piastre, 10 réaux de vellon.....	2	65
	Peseta, piécette, 1/5 piastre...................	1	6
	Réal de vieille plate, 34 maravedis de vellon . ..	»	33
	» nouvelle plate, 1/8 piastre, 1/2 piécette...	»	66
BILLON.	» de vellon, reallillo, 1/20 piastre d'or.....	»	26
	Ochavo, 1/2 quarto, 2 maravedis de vellon.......	1	52
	Maravedis de vellon, 1/2 ochavo, 1/34 réal de vellon.	»	75
	» plate, 2 1/2 maravedis de vellon, 272 pour une piastre de 5 fr. 30.....	1	95

CONFÉDÉRATION GERMANIQUE.

Grand duché de Bade.

		Fr.	c.
OR.	Ducat *ad legem imperii*	11	80
	Pièce de 10 florins, depuis 1819..............	21	37
	» 5 florins, »	10	68
	Gulden, zebu gulden, 10 gulden................	20	80
	» funf gulden 5 gulden....................	10	40
ARGENT.	Double florin................................	4	20
	Florin	2	10
	Gulden ou florin.............................	2	10
	Zwey gulden, double gulden, 2 florins..........	4	20
	3 1/2 gulden, 3 1/2 florins, double thaler.......	7	35
	Guter groschen, bon gros, 12 pfennings..........	»	15
BILLON.	Pfenning, 12 pour un gros d'argent...........	»	01
	3 kreutzers..................................	»	09
	6 kreutzers de 1840..........................	»	18

DUCHÉ DE BRUNSWICK.

		Fr.	c.
OR.	Ducat de Brunswick-Wolfenbüttel................	11	80
	Florin ou thaler, double pistole de 10 thalers.....	40	40

DUCHÉ DE BRUNSWICK (*suite*).

Métal.		Fr.	c.
ARGENT.	Rixdale de convention......................	5	15
	Thaler double, 3 1/2 florins, ou gulden de la convention de 1838, sept dans un marc fin de 233 gr. 855...	7	30
	1 thaler, 14 dans un marc fin.................	3	65

FRANCFORT.

OR.	Ducat *ad legem imperii*......................	11	80
ARGENT.	Écu de 3 1/2 gulden ou florins, ou 2 thaler......	7	30
	Gulden ou florin de 60 kreutzers..............	2	10
	Kreutzer, 1/90 thaler, 1/6 thaler..............	»	04

ROYAUME DE GRÈCE.

OR.	Tessaraconta-drachme ou 40 drachmes..........	35	65
	Icosso-drachme ou 20 drachmes...............	17	80
ARGENT.	Drachme, 100 leptos........................	»	88
	5 drachmes pentadrachmes...................	4	45
	Phénix....................................	»	85

ROYAUME DE HANOVRE.

OR.	Ducat *ad* (*legem imperii*)...................	11	80
	Ducat, double pistole de 10 thalers............	40	40
	Florin, gulden ou guilder...................	8	60
ARGENT	Florin, 1/2 rixdale........................	2	60
	Ecu de Hanovre, ou rixdale de convention.......	5	20
	Ecu suivant la Convention du 30 juillet 1838....	3	71
	Thaler de Hanovre.........................	3	60

ÉTATS D'ITALIE.

DUCHÉ DE MODENE.

ARGENT.	Ecu de Modène............................	4	15

DUCHÉ DE PARME.

OR.	Quadruple pistole........................	85	»
	Double quadruple, 8 pistoles................	170	»
	Pistole...................................	21	10
	Doppia...................................	21	45
	Doppia-Doppia, double doppia...............	42	90
	Quadruple doppia.........................	85	90
	40 francs (Marie-Louise)....................	40	»
	20 francs id.	20	»

DUCHÉ DE PARME (*suite*).

Métal.		Fr.	c.
ARGENT.	Ducaton....	5	20
	Pièce de 5 livres...............	5	»
	1 livre...............	1	»
	1 1/2 livre....... ...	»	50

DUCHÉ DE TOSCANE.

		Fr.	c.
OR.	Léopoldine, sequin aux armes, à 24 karats......	112	25
	Triple sequin ou ruspone au lis de Florence, effigie de saint Jean-Baptiste............	35	50
	Pistole de Florence...............	21	10
ARGENT.	Francescone, ou livournine, ou piastre à la rose, ou talaro, ou léopoldine, ou écu de 10 pauls....	5	60
	1/2 francescone ou franceschin, 2 florini.........	2	80
	10 pauls ou paoli à 100 baïocchi............	5	30
	Dieci-lire, écu de 10 livres ou dena............	8	25
	Teston...............	2	»
BILLON.	Quatrino...............	»	01
	5 quatrini, baïoccho...............	»	01
	Sol, soldo...............	»	05

ROYAUME DES PAYS-BAS.

		Fr.	c.
OR.	Double souverain...	35	25
	Ducat.....	11	80
	Lion or, 14 florins...............	112	25
	Ryder, ruyder (cheval courant), 14 gulden, 14 fl.	31	»
	Florin, 10 gulden...............	20	85
	1,2 florin, 5 gulden...............	10	40
	Guillaume, 10 gulden, 10 florins............	20	70
ARGENT.	Florin, 1 gulden...............	2	10
	Écu, daller, ducat d'argent, piastre............	5	45
	Ryder, 7 1,2 dans un marc............	6	65
	Ducat ou rixdale de Hollande............	5	45
	2 1,2 gulden ou florins 1848............	5	25
	1 florin ou 100 cents (*nouvelle monnaie de compte*)..	2	10
	1,2 » 50 »	1	05
	1/4 » 25 »	»	52
	1/10 » 10 »	»	21
	1,20 » 5 »	»	11
	25 cents...............	»	52

ROYAUME DE PORTUGAL.

		Fr.	c.
OR.	Dobrao ou dobraon, 20,000 reis............	169	60
	Dobrao, onça, 15,000 reis, pistole neuve.........	90	»
	1/2 dobrao, joaneses, portugalèse, 7,500 reis.....	45	»

ROYAUME DE PORTUGAL (*suite*).

Métal.		Fr.	c.
	1/8 debrao escudo do ouro 1,875 reis............	11	25
	Lisbonine, moeda douro de 480 reis.............	33	95
	1/2 meia moeda de 240 reis.............	16	95
	1/4 quartinho de 120 reis............	8	45
	Portugaise (7,500 reis, depuis 1835 c'est 5,000 reis).	44	70
	Brésil, 1/2 dobrao, 6,400 reis........	45	«
	4,000 reis.......................	25	«
	Quartinho, 1/4 lisbonine...................	8	45
	Cruzade, 480 reis.......................	3	35
	Écu, escudo de ouro de 2,000 reis...........	12	55
	Couronne, coroà, 5,000 reis, 1,3 dobrao, pistole neuve, 1/3 once......................	30	»
	1/2 coroa, 2,500 reis....................	15	»
Argent.	Milree, 1,000 reis, 10 testons, 50 vintem........	5	95
	Cruzade 400 reis à 900...................	2	90
	1/2 cruzade. 200 reis à 900...............	1	45
	Cruzade, 400 reis à 916..................	2	95
	1 2 cruzade, 200 reis à 916...............	1	50
	Macutas, possession d'Afrique, 10 macutas........	2	85
	Coroà ou couronne, 1,000 reis, 10 testons........	6	»
	1/2 coroà, 500 reie, 5 testons..............	3	»
	10 testons ou couronne d'argent de 1,000 reis....	6	»
	Teston, testoa, testoon, 100 reis.............	»	60
	de 80 reis......................	»	10
Billon.	Vintem, 20 reis.......................	»	10
	Rec, rei, rea, 10 reis, 1 2 vintem............	»	6
	20 reis, vintem.......................	»	12

ROYAUME DE PRUSSE.

Or.		Fr.	c.
	Ducat................................	11	75
	Frédéric..............................	20	80
Argent.	Ecu, preussicher thaler ancien, de 24 bons gros, gutgroschen, ou rixdale de 30 silbergroschen, gros d'argent.........................	3	70
	Écu, thaler des États du Nord, convention de 1838.	3	15
	1/6 écu ou 5 silbergros...................	»	50
	Thaler, rixdale de 100 kreut. ou 30 silbergroschen.	3	70
	1/2 thaler, ein heller thaler, 15 silbergroschen...	1	80
	1/6 thaler ou 5 silbergros.................	»	50
	Thaler double, 3 1/2 florins, ou gulden de la Convention de 1838, sept dans un marc fin de 233,855.	7	30
	Gros, silbergroschen, 1 30 thaler.............	»	10
	8 gros, drittelthaler 1 3 thaler.............	1	10
	30 » 1 thaler, 1 3/4 de florin.............	3	70
	24 bons gros ou gute groschen 1 thaler ou 1 3/4 fl.	3	70

ROYAUME DE PRUSSE (*suite*).

Métal.		Fr.	c.
	Mariengroschen, 1/24 thaler, 12 deniers........	»	12
	24 » thaler à 38 silbergros.........	3	70
	Reichsthaler, riksdaler, rixdale, écu de la Convention de 1753...................	3	15
	Florin, Convention de 1753, rheinischer gulden.	2	40
	1/2 florins, 30 kreutzers, halber curreutgulden...	1	20
	1/3 florin, kopfstück de 20 kreutzers..........	^	80
	Florin, gulden de la Convention de 1838 à 60 kreutzers, 4/7 thaler.....................	2	10
	Kreutzer, 1/90 thaler, 1/60 gulden.............	»	4
	10 kreutzers........................	»	40
	Guter groschen, bon gros, 12 pfennings.........	»	15
	Rixdale, speciesthaler, écu de la Convention de 1753	5	15
	1/2 rixdale, 1 gulden, 1 florin................	2	55
	Viergroschen, 4 gros. ou 6 thaler.............	«	50

ÉTATS DE L'ÉGLISE.

Métal.		Fr.	c.
Or.	Pistole, doppia............................	17	20
	1/2 pistole, mezzia doppia...................	8	60
	Sequin.................................	11	60
Argent.	Teston, 50 baiocchi, 1/2 scudo...............	2	60
	10 paoli, scudo, 100 baiocchi...............	5	30
	Écu, couronne de 10 paoli..................	5	30
	1/2 écu, mezzo scudo 1/2 couronne de 50 baiocchi.	2	60
	39 baiocchi, teston d'argent, 6/10 scudo........	1	60
	5 « 1/2 scudo...................	2	60
Billon.	Baiocchi 1/100 scudo de 5,30..............	»	5
	5 » 1/2 paolo, 1/20 scudo................	»	26
	10 » 1 paolo, 1/10 scudo................	»	53
	20 1 papetto, 1/5 scudo................	1	5

EMPIRE DE RUSSIE.

Métal.		Fr.	c.
Or,	Ducat, 2 roubles 80 kopecks..................	11	80
	Impériale, 10 roubles.....................	41	10
	1/2 impériale, 5 roubl. seules frappées maintenant.	20	50
	3 roubles...........................	12	30
Argent.	Rouble, 100 kopecks....................	4	»
	1/2 rouble, 1 poltinik.............	2	»
	1/4 » 1 polpotinick.....................	1	»
	Poltinik, 1/2 rouble.....................	2	»
	Polpotinick, 1/4 rouble...................	1	«
Billon.	Kopeck, 1/100 »	»	4
	100 kopecks, «	4	»

ROYAUME DE SARDAIGNE.
Gênes, Piémont, Savoie et Sardaigne.

Métal.		Fr.	c.
Or.	Pistole de 24 lires avec l'aigle et la croix........	28	30
	» 20 lires...........................	20	»
	Double pistole 40 lires.....................	40	»
	Carlino, Piémont, avant 1785, quintuple pistole..	150	»
	Carlino » après 1785, « ..	142	25
	1 2 carlino de Sardaigne...................	49	10
	» mezzo carlino....................	24	55
	Doppia Piémont, 100 lires...................	100	»
	» 80 lires...................	80	»
	Mezza doppia, 1/2 doppia, 40 lires............	40	»
	1/4 doppia, 20 lires......................	20	»
	Quadruple ancienne, Gênes, quadruplo di Genova, génovine de 100 livres, 4 pistoles à la Vierge couronnée......................	88	»
	Quadruple pistole Sardaigne, à la croix, aux armes, de 8 lires............................	80	»
Argent.	Lire, 100 centesimi......................	1	»
	2 lires................................	2	»
	5 »	5	»

ROYAUME DE SAXE.

Or.	Ducat...........................	11	70
	Auguste d'or, 5 thalers...................	20	65
	Demi-auguste, 2 1/2 thalers,..............	10	30
	Double-auguste, 10 thalers...............	41	30
	» auguste, 5 thalers................	20	66
Argent.	Thaler, sæchsischer thaler, écu de 24 bons gros...	3	60
	Ecu de convention (30 juillet 1838), 3 1/2 gulden ou florins, ou 2 thalers..................	7	30
	Ecu, sæchsischer thaler..................	3	80

CONFÉDÉRATION SUISSE.

(Même système qu'en France).

ROYAUME DE SUÈDE.

Or.	Ducat...........................	11	65
	Oscar Ier, ducat......................	11	60
Argent.	Ecu, rixdale d'espèce de 48 escalins ou schillings..	5	75
	2/3 écu ou double pièce de 32 schillings........	3	80
	Rixdale............................	5	50
	Plott, 1/3 rixdale spécies.................	1	85
	» double, 2 3 rixdale spécies.............	3	70
	24 schillings, 1 5 rixdale species............	1	10

NORWÈGE.

Métal.		Fr.	c.
ARGENT.	Species et 1/2 species à proportion............	5	63
	Mark, ort. ou 24 schillings, ou 1/3 de species....	1	12
	8 schillings.........................	»	37

EMPIRE DE TURQUIE.

		Fr.	c.
OR.	Bourse, kitze ou chise (30,000 piastres).........	»	»
	Zermahbnd, sequin à 100 piastres..............	22	50
	Sequin, 50 piastres........................	11	20
	1/4 sequin, roubieh.......................	2	80
ARGENT.	Bourse, kefer (500 piastres)..................	»	»
	Piastre, gherh, kerk-poralik ou groach (valeur très-variable)............................	»	22
	10 piastres, pièce de....................	2	22
	20 » de....................	4	45
	Aspre, 100, pour une piastre de 22 1/2.........	»	»

ROYAUME DE WURTEMBERG.

		Fr.	c.
OR.	Ducat..................................	11	80
	Florin ou carolin......................	25	85
ARGENT.	Rixdale ou écu de convention...............	5	15
	Kronenthaler ou gros écu..................	5	70
	Écu de convention, 3 1/2 gulden..............	7	35
	2 florins.............................	4	20
	6 Kreutzers...........................	»	18

AFRIQUE.

Égypte.

		Fr.	c.
OR.	Sequin............................	6	70
ARGENT.	Grouch ou piastre de 40 paras.............	»	30

MAROC.

		Fr.	c.
ARGENT.	Once derheim, 1/13 piastre d'Espagne..........	»	40

AMÉRIQUE.

États-Unis.

		Fr.	c.
OR.	Aigle d'or, 10 dollars (ten doll.)............	51	65
	Double aigle, 20 dollars (twenty doll).........	103	30
	Demi-aigle, 5 dollars (five dol.).............	25	80
	Quatre-aigle, 2 1/2 dollars..................	12	90
	1/10 aigle, 1 dollar....................	5	15
	Dollar.............................	5	15

ÉTATS-UNIS (*suite*).

Métal.		Fr.	c.
	2 1/2 dollars, 1/4 aigle.....................	12	90
	5 dollars, five dol., 1/2 aigle..................	25	80
	10 » ten dol., double aigle...............	51	65
	20 » twenty dol., double aigle............	103	30
	50 » fifty dol......................	258	30
	Half-dollar, 1/2 dollar d'or...................	2	5
Argent.	Dollar, 100 cents......................	5	30
	1/2 dollar, half-dollar, 50 cents.............	2	65
	1/4 » 25 cents...............	1	35
	Dollar bank of England, 5 shillings...........	5	25
	Half dollar, 1 2 dollar d'argent, 50 cents........	2	75
	Half-dime, 1/2 dime, 5 cents.................	»	25
	Units, dollar......................	5	30
Billon.	Cent, 1 100 dollar......................	»	5

RÉPUBLIQUE MEXICAINE.

Mexico.

Or.	Onça, Coblon quadruple du Mexique...........	81	»
Argent.	Piastre forte de 8 réaux, peso fuerte de ocho reales, à 10 deniers, 20 grains.....................	5	30

RÉPUBLIQUE DE LA NOUVELLE-GRENADE.

Santa-Fé de Bogota.

Or.	Quadruple de 16 pesos ou piastres..............	80	»
Argent.	Piastre de 10 réaux (dies reales)................	5	»

EMPIRE DU BRÉSIL.

Or.	20,000 reis poids 5 oitavas à 22 quilatès (loi du 28 juillet 1849,......................	56	60
	10,000 » 2 1/2 » 11..............	28	30
	1 2 dobrao......................	45	»
Argent.	2,000 reis, poids 7 oitavas et 8 graos à 11 dinheiros.	5	49
	1,000 » 3 » 40 »	2	60
	500 » 1 « 56 »	1	30
	Piastre......................	5	30
	Pataca, patacon, pataque, piastre à 320 reis.....	1	75
	» double à 640 reis...................	3	50

AMBASSADES ET CONSULATS [1].

AMBASSADES.

AMÉRIQUE CENTRALE ou GUATIMALA, rue de Provence, 21.

ANGLETERRE, rue du Faubourg-Saint-Honoré, 39.

AUTRICHE, rue de Grenelle-Saint-Honoré, 87.

BADE, rue de la Ville-l'Évêque, 17.

BAVIÈRE, rue d'Aguesseau, 15.

BELGIQUE, rue de la Pépinière, 97.

BOLIVIA ou HAUT-PÉROU, rue Laffitte, 31.

BRÉSIL, rue de la Pépinière, 106.

CHILI, rue de l'Université, 69.

DANEMARK, rue de la Pépinière, 88.

ESPAGNE, rue de la Chaussée-d'Antin, 45.

ÉTATS ROMAINS, nonciature, rue de l'Université, 63.

ÉTATS-UNIS, rue de Matignon, 19.

GRÈCE, rue d'Anjou-Saint-Honoré, 78.

HAITI, chargé d'affaires, place de la Madeleine.

HANOVRE, rue de la Ville-l'Évêque, 26.

HESSE-DARMSTADT, rue de Luxembourg, 25.

HESSE ÉLECTORALE, rue de Ménars, 4.

MECKLEMBOURG-SCHWÉRIN, rue du Faubourg-Saint-Honoré, 35.

MECKLEMBOURG-STRÉLITZ et SAXE-WEIMAR, rue Caumartin, 7.

MEXIQUE, rue de Tivoli, 10.

NAPLES, rue du Faubourg-Saint-Honoré, 17.

NASSAU, rue de la Ville-l'Évêque, 10.

PARME, rue Saint-Dominique, 121.

PAYS-BAS, rue de Suresnes, 28.

PORTUGAL, rue de Lille, 77.

PRUSSE, rue de Lille, 78.

(1) Visa des passe-ports pour l'étranger, etc.

RUSSIE, rue du Faubourg-Saint-Honoré, 33.
SARDAIGNE, rue Saint-Dominique, 133.
SAXE, rue du Faubourg-Saint-Honoré, 179.
SUÉDE, rue d'Anjou-Saint-Honoré, 74.
SUISSE, rue Chauchat, 9.
TOSCANE, rue Caumartin, 3.
TURQUIE, rue de Grenelle-Saint-Germain.
VILLES HANSÉATIQUES, rue Trudon, 6.
WURTEMBERG, rue d'Aguesseau, 13.

CONSULATS.

ANGLETERRE, rue du Faubourg-Saint-Honoré, 39.
ARGENTINE (Confédération), rue Saint-Georges, 35.
AUTRICHE, rue Laffitte, 19.
BRÉSIL, rue de Castellane, 10.
CHILI, rue Saint-Lazare, 31.
DANEMARK, rue de Trévise, 29.
ÉQUATEUR (République de l'), rue du Sentier, 12.
ESPAGNE, rue Miroménil, 30.
ÉTATS-UNIS, boulevard des Italiens, 27.
GRÈCE, rue Basse-du-Rempart, 30.
HOLSTEIN-OLDENBOURG, rue Saint-Georges, 13.
MEXIQUE, rue Neuve-Saint-Augustin, 50.
PAYS-BAS, rue du Faubourg-Saint-Honoré.
PÉROU, rue Saint-Lazare, 31.
PERSE, rue Saint-Honoré, 371.
PORTUGAL, rue Louis-le-Grand, 25.
RUSSIE, rue du Faubourg-Saint-Honoré, 33.
SAXE, rue Basse-du-Rempart, 16.
SUÈDE et NORWÉGE, rue Laffitte, 29.
TURQUIE, rue de la Chaussée-d'Antin, 68.
VENEZUELA (République de), rue du Faub.-Poissonnière, 32.
VILLES HANSÉATIQUES, rue de Ménars, 4.

POSTE AUX LETTRES.

ADMINISTRATION CENTRALE, rue Jean-Jacques Rousseau. — RÈGLES GÉNÉRALES DU SERVICE.. Le départ de Paris pour tous les bureaux et l'arrivée de ces mêmes bureaux à Paris sont journaliers.

Le bureau des affranchissements et chargements pour les départements et l'étranger est ouvert depuis 8 heures du matin jusqu'à 8 heures du soir. Le dimanche, il est fermé à 5 heures.

Les lettres qui y sont affranchies jusqu'à 5 heures pour l'étranger et pour les départements partent le jour même.

On ne reçoit pas d'or ni d'argent dans les lettres. Il y a un bureau des envois d'argent, dans lequel on reçoit les pièces d'or et d'argent, en payant 5 centimes par franc de leur valeur. Le bureau est ouvert tous les jours, les dimanches exceptés, de 9 heures du matin à 3 heures du soir. L'Administration ne répond que des envois faits de cette manière.

Les dimanches, fêtes, etc., jours où la Bourse est fermée, ainsi que les ministères et administrations, les lettres sont levées de la boîte de l'hôtel des Postes à 2 heures précises au lieu de 5.

Les affranchissements et chargements ne sont reçus que jusqu'à midi pour l'étranger, et jusqu'à 2 heures pour les départements.

Les bureaux des feuilles périodiques sont fermés à midi.

SERVICE DE PARIS.

TABLEAU

des heures de levées des boîtes et des distributions dans Paris.

HEURES DE LEVÉES DES BOITES.	HEURES DES DISTRIBUTIONS DANS PARIS.
1re à 7 h. 3 4 aux boîtes. à 8 h. 1,2 aux bureaux.	à 7 heures. { Pour les lettres de Paris.
2e { à 10 heures aux boîtes. à 10 h. 1 4 aux bureaux.	
3e { à midi aux boîtes. à midi 1 4 aux bureaux,	à 9 h. 1/2. ⎫ Paris et les chemins de fer de Rouen et d'Orléans.
4e { à 2 heures aux boîtes. à 2 h. 1 4 aux bureaux.	à 11 h. 1/2. ⎬
5e { à 3 h. 1 2 aux boîtes. à 4 h. aux bureaux. à 5 heures à l'hôtel des Postes et à la boîte de la Bourse.	à 1 h. 1/2. ⎭ Pour les lettres de Paris, des départements et de l'étranger. à 3 h. 1,2.
6e { à 4 h. 1,2 aux boîtes. à 5 h. aux bureaux.	à 5 h. 1,2. { Paris et les chemins de fer de Rouen et d'Orléans.
7e { à 9 h. aux boîtes. à 9 h. 1,2 aux bureaux.	et à 6 h.

Les lettres provenant de la septième levée sont mises en réserve pour la première distribution du lendemain à 7 h. du matin.

Les bureaux d'arrondissement dans Paris sont ouverts de 8 heures du matin à 8 heures du soir; les dimanches et fêtes jusqu'à 5 heures seulement. Les bureaux annexes également. — Ces bureaux affranchissent, chargent et recommandent pour Paris, la province et l'étranger; paient et reçoivent les articles d'argent, et reçoivent les réclamations.

Une levée spéciale pour les courriers supplémentaires a lieu à 5 heures en été et à 5 h. 1/2 en hiver.

La première levée des boîtes a lieu, aux boîtes d'arrondissement, à 8 h. 1.2, à l'hôtel des Postes à 9 heures.

La dernière levée des boîtes a lieu à 4 heures aux boîtes d'arrondissement, à 5 heures à l'hôtel des Postes et au palais de la Bourse; à 5 h. 1 2 à l'hôtel des Postes pour les lettres affranchies seulement.

Chaque soir il y a des levées extraordinaires. Les lettres affranchies au moyen de timbres-postes qui auront été déposées aux bureaux ci-après seront expédiées le jour même.

1° Pour la ligne de Lyon, au bureau B-1, boulevard Beaumarchais, 20, jusqu'à 7 h. 1/4 du soir;

2° Pour la ligne de Strasbourg, au bureau D, rue du Faubourg-Saint-Martin, 120, jusqu'à 7 heures du soir;

3° Pour la ligne du Nord, au bureau D-2, place Lafayette, 5, jusqu'à 7 heures du soir;

4° Pour la ligne du Havre, au bureau E, rue de Sèze, 24, jusqu'à 10 heures du soir pour le Havre, Rouen et Dieppe, et jusqu'à 7 heures seulement pour Cherbourg, Coutances, Honfleur, etc.;

5° Pour la ligne de Chartres, ou bureau F-1, petite rue du Bac, 5, jusqu'à 7 heures du soir;

6° Pour la ligne d'Orléans, au bureau de la Salpétrière, boulevard de l'Hôpital, jusqu'à 7 heures du soir, et au bureau B, boulevard Beaumarchais, jusqu'à la même heure.

La réception et le paiement des articles d'argent ont lieu tous les jours non fériés à l'hôtel des Postes et dans les bureaux d'arrondissement de 9 à 3 heures.

Une boîte aux lettres vient d'être placée spécialement dans le Palais de l'Industrie. Cette boîte est considérée comme un des grands bureaux de Paris. Elle est levée aux mêmes heures.

TARIF DES VOITURES DE PLACE.

POUR PARIS.

	DE 6 HEURES DU MATIN A MINUIT.		DE MINUIT A 6 HEURES DU MATIN.	
	A LA COURSE.	A L'HEURE.	A LA COURSE.	A L'HEURE.
	fr. c.	fr. c.	fr. c.	fr. c.
Grands fiacres à 2 chevaux........	1 50	2 »	2 »	3 »
Coupés et petits fiacres à 4 places, à 1 ou 2 chevaux..	1 25	1 75	1 75	2 50
Cabriolets à 2 ou 4 roues, fermés ou non fermés......	1 10	1 50	1 75	2 50

POUR L'EXTÉRIEUR.

EN DEDANS du mur d'enceinte des fortifications ET JUSQU'A LA PORTE MAILLOT par l'avenue de Neuilly.		EN DEHORS du mur d'enceinte des fortifications et A L'INTÉRIEUR DU BOIS DE BOULOGNE.	
Grands fiacres à 2 chevaux...............	2 »	Grands fiacres à 2 chevaux...............	3 »
Coupés et petits fiacres à 1 cheval ou à 2 chevaux...............	1 75	Coupés et petits fiacres à 1 cheval ou à 2 chevaux...............	2 »
Cabriolets à 2 ou à 4 roues, fermés ou non fermés...............	1 50	Cabriolets à 2 ou à 4 roues, fermés ou non fermés...............	2 »

VISITE

A

L'EXPOSITION

Nous ne voulons pas, dans un cadre aussi restreint que le nôtre, traiter la question de l'Exposition universelle au point de vue de l'industrie internationale, ni aborder les hautes sphères de la science. Nous laisserons aux écrivains spéciaux le soin de développer avec une technologie plus ou moins heureuse toutes les branches commerciales, industrielles et agricoles qui ne ressortent pas de notre Guide, spécialement affecté aux Étrangers venus à Paris pour s'initier aux mystères de la fabrication parisienne : et, nous mettant à la portée des personnes qui veulent acheter d'une manière profitable, nous les conduirons devant les vitrines des maisons de Paris qui représentent le mieux la haute perfection de l'article parisien.

Inventer, perfectionner et faire mieux en matière de typographie : après les superbes impressions de Firmin

Didot, créer un genre nouveau et d'une incontestable supériorité; appeler à son aide, la gravure sur bois, le burin de la taille-douce, le décalcage instantané, enfin, arriver au résultat exposé par **M. WIESENER, GRAVEUR, IMPRIMEUR TYPOGRAPHE**, c'est d'un seul coup se placer à la tête de l'art le plus sérieux et le plus important de notre époque. **M. WIESENER**, n'a pas exposé ses ateliers, ne pouvant mettre ses produits, il n'a pas eu recours aux machines des autres pour remplir les splendides encadrements de son étalage, il a tout simplement pris au hasard les épreuves D'ACTIONS INDUSTRIELLES qu'on imprime dans ses ateliers, il y a ajouté quelques gravures qu'il fait LUI-MÊME et du tout il a formé un livre qui défie la contrefaçon, la concurrence et l'étranger. **M. WIESENER** a été le plus modeste et le plus fort exposant en matières de typographie, au Palais de l'Industrie.

Parlons des **CHALES TERNAUX**, dont le nom seul est la meilleure recommandation, et dont la fabrication prouve ce que le travail, la volonté et surtout la probité peuvent produire avec une économie constatée, et une garantie qui n'a pas besoin de la quatrième page des journaux. M. Ch. Ternaux est non-seulement le premier fabricant de Châles Français par la date de la fondation de sa fabrique (1801), mais encore par la supériorité de ses produits.

Parmi les objets d'une incontestable utilité, il faut remarquer les **PEIGNES ET LA BROSSERIE CAOUTCHOUC, DE M. FAUVELLE DELEBARRE**. Jamais, jusqu'à cette dernière application de ce que nos pères appelaient LA GOMME ÉLASTIQUE, on n'avait mieux employé les qualités ductiles et inaltérables du CAOUTCHOUC; les objets exposés par **M. FAUVELLE DELEBARRE** sont beaux comme l'écaille, solides comme l'acier, et souples comme la matière qui les compose; ils n'ont qu'un défaut : ils durent trop. — Vanter M. FAUVELLE

DELEBARRE, c'est parler de **M. RICHEBRACQUE**, l'un fabrique, l'autre vend.

Arrivant aux pianos, nous vous citerons ceux de **M. MONTAL**, de **M. KRIEGELSTEIN**, fournisseurs l'un et l'autre de S. M. l'Empereur. Sans rien enlever aux mérites et à la haute renommée bien acquise des facteurs de pianos que l'Europe proclame, et dont les instruments sont aussi chers que vantés, nous dirons que ces deux facteurs ont été assez heureux pour fabriquer des pianos qui peuvent, par leurs hautes qualités, résonner dans les palais impériaux, et meubler les appartements de la petite propriété.

Nous prierons le visiteur intelligent de discerner, d'admirer même, les belles **PHOTOGRAPHIES DE MM. DISDERI ET COMPAGNIE**, les hauts patronages qui honorent ces artistes éminents, sont bien justifiés par la supériorité incontestable de leurs magnifiques épreuves.

Nous sommes heureux de trouver sur notre passage une vieille maison, bien connue des amateurs de chinoiseries. **LA PORTE CHINOISE** a un grand avantage; elle est vraiment chinoise; nous n'oserions pas affirmer qu'on y parle chinois, mais ce que nous pouvons dire, c'est qu'à côté de la Compagnie des Indes, il est impossible d'être plus chinois que cette petite partie du céleste empire offert aux regards par M. Houssaye.

Laissons les adorables superfluités, abordons les indispensabilités : **M. GEIGER** est le roi **DE LA CULOTTE DE PEAU**, es sportmen le savent bien, et les chasseurs connaissent et vantent les **BELLES GUÊTRES DE M. NAGEL**. Nous ne pouvons que reproduire les éloges donnés à deux intelligents artistes, leurs confections donneraient à un paralytique envie de monter à cheval ou de chasser au tire : sans parler de tout ce que les fabriques de ces excellents fournisseurs produisent en objets de toutes sortes pour la toilette, la mode et la fantaisie.

L'art de Breguet, de Lepaute, est toujours représenté à l'Exposition par des produits hors ligne. **M. KOPENHAGUE,** y a apporté son tribut, ce fabricant a bien su ajouter à la qualité de ses pendules, l'attrait de ses ornements d'un goût exquis.

Quelle mère attentive n'a pas tremblé devant le plus léger malaise de la nourrice de son enfant adoré : la nourrice est-elle bonne? a-t-elle du lait? est-il bon ? — Ah! chère madame, ne vous mettez pas en peine, il y a un moyen d'avoir une bonne nourrice, pas chère, pas exigente, d'un caractère toujours égal, toujours poli, toujours doux, d'un tempérament commode et surtout facile à nourrir, une nourrice qu'on peut porter sur soi et qui ne prend pas de place..., une nourrice modèle, idéale, et pourtant réelle ; allez madame, séchez vos beaux yeux, riez à votre enfant qui crie, et envoyez chez **M. DARBO,** il vous donnera un **BIBERON** avec ou sans tétine, Biberon illustré, Biberon chamarré, voire même Biberon à musique si vous voulez. Non, mais plaisanterie à part, M. Darbo a rendu plus de services à la nouvelle génération que toute la Faculté de médecine réunie.

Eh ! bonnes mères, quand vous aurez bien fait téter vos amours d'enfants, vous leur donnerez du chocolat. Cet aliment qu'à tant vanté Brillat-Savarin, est arrivé au plus haut point de perfection, et se vend aujourd'hui à des prix excessivement réduits. A l'Exposition universelle, nous pourrons vous indiquer de solides maisons, dont les produits sont surtout remarquables par la pureté du mélange, l'exquise délicatesse du goût, et une préparation presque méticuleuse, **MOURGUES**, rue Saint-Honoré, **BOREL ET KOHLER**, rue de Rivoli, ont atteint cette perfection. Leurs bonbons vous séduiront, et que ne devrez-vous pas à leurs chocolats ordinaires ? Le chocolat a un rival quelquefois heureux et préféré, souvent dénigré et vaincu, mais toujours cité tantôt en bien, tantôt en mal, le poète lui a dû sa verve, la femme nerveuse lui a reproché son insomnie. Le **CAFÉ** a été condamné par Mme de Sévigné, et pourtant il existera longtemps, il existera toujours, si M. **ROYER DE CHARTRES** continue à fournir au consommateur du Moka pareil à celui exposé.

Il n'y a de vrais marrons glacés que ceux de **DARDOUILLET-ACHARD**. Ses PETITS FOURS vous font venir l'eau à la bouche : mais aussi, quels soins apportés à la préparation de ces adorables friandises ! Comme ce confiseur devine le goût de ses habitués. Au Palais de l'Industrie, M. **DARDOUILLET-ACHARD** a fait preuve de son talent de décorateur, et s'il n'est pas permis au public de goûter ses bonbons, tout le monde peut en admirer la forme, c'est consolant, mais peu nourrissant.

Il y a de tout au Palais de l'Industrie, et les choses qui paraissent inutiles aux uns, sont d'une nécessité absolue pour les autres ; M. **NORMANDIN**, coiffeur, l'a bien compris il dispute à M. **LABRUGUIÈRE** la palme de la perruque et du toupet, ces deux artistes capillaires ont épuisé les ressources de la science, de l'adresse et de la patience, ils peuvent être mis hors ligne,

Pour réparer des ans l'irréparable outrage.

A qui donnerez-vous la préférence ? C'est bien difficile à décider. **NORMANDIN** fait admirablement vrai, **LABRUGUÈRE** fait pâlir la nature.

Toutes les industries qui touchent de près ou de loin à la vie matérielle nous intéressent; à ce titre, nous recommandons M. **PETIT-DIDIER**, teinturier, qui a exposé de beaux spécimens de couleurs bien réussies.

Les parfums sont les émanations matérialisées de la nature ; mais pour qu'ils nous rappellent bien les fleurs dont ils sont composés, il faut que la distillation ne laisse rien à désirer. C'est à ce titre que nous signalons deux parfumeurs bien connus des dames et du commerce; l'un, **VOISIN-VANNIER**, a édité les plus fines conceptions de la chimie; l'autre, M. **GELLÉ**, est le plus fort et le meilleur commissionnaire en ce genre, sans compter qu'il fait très bon et très fin.

Ce qui a surtout frappé nos regards dans cet immense bazar de l'intelligence, c'est la délicatesse du travail offert aux dames par Mme **PLÉ-HORIN**, fabricante de modes d'aloès ; la soie, le velours et les fleurs, sont distancés par ces fils d'aloès, qui, sous la volonté d'une telle artiste, prennent toutes les formes et toutes les nuances.

Les chaussures sont moins vieilles que les pieds, ou peu s'en faut ; aussi, l'on ne saurait trop encourager les efforts d'ouvriers intelligents qui, au profit de l'humanité, luttent contre ces affreux cors que tant de pédicures ont l'air d'extirper, et que nous sentons toujours à nos pieds ; cependant on pourrait affirmer qu'avec les chaussures de M. **DELAIL**, personne ne souffre, qu'avec celles de M. **HOFFMANN** tout le monde a un joli pied, et que M. **BEAUQUIS** a réalisé l'impossible en créant l'inusable.

Deux frères ont exposé des cannes, M. **MARTIN JEUNE** a été très heureux dans son choix, et M. **MARTIN AÎNÉ**, nous a fait voir des objets qui, QUOIQUE fabriqués, ou plutôt PARCEQUE fabriqués rue Grenétat, sont les mêmes qu'on peut voir au boulevart des Capucines.

Nous désignons spécialement à l'attention des visiteurs les objets exposés par **M. OZOUF**, toute sa fabrication d'eaux gazeuses est faite avec tout le soin et toute l'intelligence qui caractérisent le chef de l'important établissement de la rue de Chabrol.

Nous parlions tout à l'heure de cors aux pieds : et le mal aux dents, rien que d'y penser le frisson vous en vient aux lèvres.

Heureusement que nous pouvons vous indiquer tout de suite la demeure du **DOCTEUR GION**, rue de la Paix, 7. Chez lui vous serez guéri, vous serez même embellie, si...... chut, ces choses se posent et ne se disent pas.

Doit-on porter un corset ? Faut-il le proscrire? La question est résolue affirmativement par Mme **BONVALLET**, boulevart Saint-Denis, 9 bis, qui a exposé des corsets plastiques, dont aucun chirurgien ne défendra l'usage, au contraire.

Voici un détail de toilette qui pourrait nous entraîner trop loin ; nous aurons d'ailleurs l'occasion de revenir plus longuement sur l'Exposition dont nous ne vous donnons qu'un simple profil, vu à vol d'oiseau : une seule visite ne suffit pas pour saisir l'ensemble de ce monument élevé à la gloire de l'industrie ; on nous pardonnera donc cet abrégé, qui n'est, comme nous l'avons dit, qu'une entrée en matière, que nous développerons dans une seconde édition.

MABILLE ET LE CHATEAU DES FLEURS.

De tout temps la société riche de Paris a adopté un endroit neutre où toutes les classes peuvent se coudoyer, se voir, s'entretenir, sans pour cela se lier plus que le besoin du plaisir ne l'exige.

Avant la révolution, le Colysée recevait les nombreux étrangers qui venaient à Paris pour vivre de joie, de plaisir et d'étourdissement. Après le Colysée vinrent les Folies Beaujon, puis le Jardin Marbœuf; Tivoli eut son tour, et nos pères se rappellent encore y avoir vu une des plus puissantes princesses du monde.

Tivoli mourut comme meurent toutes choses, et le plaisir en plein air sommeilla jusqu'au jour où des hommes d'une grande intelligence de leur époque comprirent que Paris sans un Tivoli devenait un Paris incomplet.

Ils ont créé le Jardin Mabille, et franchement ils ont fait le plus et le mieux de ce qui avait été traité jusqu'à ce jour, et la mode a adopté Mabille.

La mode, me direz-vous, est bien capricieuse, bien inconstante, bien fantasque! Semblable au fier Sicambre, elle brûle ce qu'elle a adoré et adore ce qu'elle a brûlé.

Je suis loin de le contester, et c'est pourquoi sans doute elle est du genre féminin. Au demeurant, il y a mode et mode; mais la mode qui s'appuie sur le goût, sur le bon, sur le beau, n'est plus à proprement parler la mode, c'est l'instinct de ce qui est bon, c'est l'amour de ce qui est beau, c'est la sympathie pour ce qui est bien, c'est la conquête et la durée.

C'est ainsi que le Jardin Mabille, agrandi, planté, sablé, soigneusement distribué, percé, tréflé à jour, aéré et

Imp. Wiesener.

JARDIN MABILLE.

couvert d'ombre, éclairé par une vive lumière ou voilé
d'estompes sentimentales, tour à tour bruyant et recueilli,
salle de danse et parc anglais, ici bruyantes promenades,
là bosquets mystérieux, c'est ainsi que le Jardin Mabille
a obtenu une vogue méritée, mais hâtons-nous de le dire,
pour arriver à cette dernière limite du beau et du bien,
il a fallu forcer la nature et prodiguer des sommes folles,
car ce n'est qu'au prix des plus grands sacrifices, ce n'est
qu'en répandant des flots de lumières (jusqu'à 3,000 becs
de gaz), ce n'est qu'en alliant l'eau, le feu et la terre pour
les transformer en décoration, en arabesques et en méan-
dres capricieux, ce n'est qu'en opérant le féerique et en
réalisant l'impossible, qu'on crée quelque chose d'aussi
étourdissant que Mabille.

En plein jour, — sous un ciel d'azur et d'or, — le
Château des Fleurs est un ravissant jardin; mais ce qui
lui prête une magie indescriptible, un prestige inénarra-
ble; ce qui en fait un lieu à part, unique en son genre,
admiré de tous, c'est un de ces ciels bleuâtres d'un soir
d'été, tempérés d'une molle brise, doux comme le ciel
d'Italie ou d'Espagne, et que Paris, si souvent brumeux,
n'est pas néanmoins sans connaître!...

A ces sereines, clair-obscures et mystérieuses heures du
soir, la transformation du Château des Fleurs apparaît et
se révèle, pour ainsi dire, dans tout l'éclat, dans toute la
pompe, dans tout l'ornement féerique qu'ont su lui donner
les intelligents directeurs de cet établissement. Tout alors
s'y épanouit en bouquets, s'y développe en queue de paon,
et l'on y peut voir les nuances du prisme chatoyer comme
celles de l'arc-en-ciel. Si un bec de gaz flamboie au milieu
de quelques touffes, sous d'épaisses ramées, les mousses
prennent des tons de velours épinglé; les feuilles du lierre
renvoient des émeraudes, des topazes; le tronc argenté
des peupliers revêt des luisants de satin. Ailleurs, au clair
de la lune, une bruine d'argent tamise les recoins les plus

sombres, crible l'obscurité de paillettes, et répand çà et là des tons de nacre, de perles, des gris-verdatres d'une finesse et d'une transparence inimaginables. Non, rien ne saurait rendre tout ce que dans ce fouillis d'arbustes si bien taillés, au milieu des massifs de fleurs si bien brossés, en quelque sorte, au fond de ce gazon uni comme une peinture, non, rien ne saurait rendre ce qu'il y a de vaporeux et de charmant! C'est la nature artificielle sans artifice, c'est le vrai invraisemblable; en un mot, il y a là une beauté de nature, une richesse de végétation, une profusion de fleurs et de parfums qui semblent dépasser les limites de l'idéal!

Je m'arrête. Que les esprits chagrins, que les sceptiques ne m'accusent pas de hardiesse, d'enthousiasme ou d'hyperbole. Non, si j'ai un regret, c'est assurément d'être resté au-dessous de la vérité.

FOURNISSEURS IMPÉRIAUX.

MAISONS DE PREMIER ORDRE.

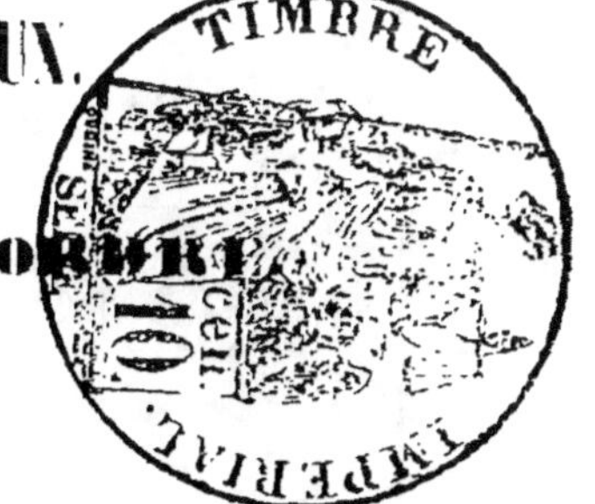

301, RUE SAINT-HONORÉ, vis-à-vis l'Église Saint-Roch. PARIS.

278, Regent St Near Oxfort Street. — LONDON.

THIERRY & FILS,

BOTTIERS.

SPÉCIALITÉ DE CHAUSSURES DE LUXE.

FOURNISSEURS DE L'IMPÉRATRICE ET DE SA MAISON.

Médaille d'honneur à l'Exposition universelle de Londres.

A. DUSAUTOY,

Tailleur de l'Empereur,

DIRECTEUR DES ATELIERS AU MINISTÈRE DE LA GUERRE POUR LES MACHINES A COUDRE.

14, Boulevard des Italiens, 14.

HAUTOY,

CHAUDRONNIER,

Fournisseur de S. M. l'Empereur et de S. A. I. le prince Jérôme,

Rue des MOINEAUX, 8.

5 rue des Capucines, 11,

PRÈS LA PLACE VENDOME.

MAISONS
DE PREMIER ORDRE.

FABRIQUE DE PARFUMERIE FINE
MIGNOT,

A LA BELLE JARDINIÈRE, RUE VIVIENNE, Nº 19,
PARIS.

SPÉCIALITÉS

SAVON MÉDICINAL AROMATIQUE
POUR BLANCHIR ET ADOUCIR LA PEAU.

ESSENCE DE VIOLETTE,
PARFUM NATUREL POUR LE MOUCHOIR.

Crême des Barbades

Ayant la propriété incontestable d'enlever pour toujours les taches de rousseur.

ASPASINE,

Crême végéto-animale, qui remplace avec avantage tous les blancs de fard sans en avoir les inconvénients.

GANTS DE JOUVIN ET Cᴵᴱ,

8, Boulevard Bonne-Nouvelle, 8,

(PORTE SAINT-DENIS.)

Médaille d'argent en 1844, Médaille d'or en 1849.

MÉDAILLE DE LONDRES EN 1851.

Maison du PARAVERSE.

La 1re MAISON de Paris pour la bonne confection des

PARAPLUIES
et des
OMBRELLES.

PRIX FIXE.

FABRIQUE
et
MAGASIN

BOULEVART Poissonnière, 7 bis,

au coin

DE LA RUE DU SENTIER.

PRIX FIXE.

FABRICANT, MOTTET J^{ne}, BREVETÉ s. g. d. g.

PERNET,

DENTISTE.

56, rue Saint-Lazare.

A LA CALIFORNIE DES ENFANTS.

Fabrique de Poupées en tous genres,
MAGASIN DE JOUETS D'ENFANTS.

Tabletterie. — Curiosités. — Pièces mécaniques. — Grand choix de Bijouterie en Imitation.

PASSAGE CHOISEUL, 82 ET 87.

Sous la voûte de l'Horloge.

CHOCOLATS.

Anc^NE M^ON L. MARQUIS,

218, Rue St-Honoré, et Rue Richelieu, 2.

40 ans de Fondation. — 3 brevets.

Spécialités de Chocolats, Thés et Bonbons.

A LA GLANEUSE.

MIGNON.

Mercerie. — Passementerie. — Tapisserie en tous genres.
— Rubans de soie. — Nouveautés. — Dentelles. — Tulle.
— Crêpes. — Ganterie de toutes sortes,

28, RUE DE LA CHAUSSÉE-D'ANTIN.

EN FACE CELLE RUE NEUVE-DES-MATHURINS

DEMARSON-CHÉTELAT & CIE,

PARFUMEURS,

71, rue Saint-Martin. — Paris.

ANCIENNE
MAISON DEMARSON
FONDÉE EN 1815.

MÉDAILLES	FABRIQUE
aux	de
EXPOSITIONS DE L'INDUSTRIE.	PARFUMERIE FINE
1819, 1839, 1844, 1849.	et Savons de Toilette.

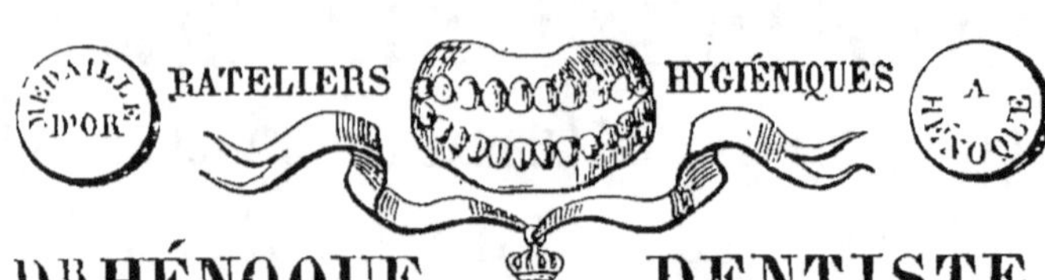

Dʳ HÉNOQUE ☨ DENTISTE
361. Rue Sᵗ Honoré, Paris.

MEUBLES DE BOULE

ET DE FANTAISIE.

ANCIENNE MAISON ISSLER.

F. ROUX,

FABRICANT.

Boul. Beaumarchais, 26.

27, RUE DE TRÉVISE, 27.

Près la rue Richer.

LEFÈVRE.

EMBALLEUR POUR L'EXPORTATION.

Expéditions pour la France et l'étranger. --- Emballages en toile grasse, maigre et cirée. --- Assortiment de boites à robes et à chapeaux.

Grande spécialité d'Articles de Voyage.

MAISON DE SANTÉ

DE PREMIER ORDRE.

Avenue de Saint-Cloud, 15,

Au rond-point de la Fontaine, entre l'Arc de Triomphe et le bois de
Boulogne. **Barrière de l'Étoile.**

BOARDING HOUSE AND FURNISHED ROOMS.

Outre la Maison principale, bâtie dans le goût moderne, deux beaux
Pavillons, situés à l'entrée d'un vaste jardin et confortablement disposés,
reçoivent les étrangers, les gens bien portants, ou les familles qui veulent
vivre avec un Docteur, ainsi que les personnes de province qui viennent
se faire traiter ou opérer par leur médecin.

Un corps de bâtiment séparé est destiné aux accouchements et au traite-
ment des affections nerveuses et spasmodiques.

Situé dans la position la plus belle et la plus salubre de Paris, sur le
passage continuel du beau monde, pourvu de Salles de Bains, de Salle
de Billards, de beaux Jardins, et jouissant d'une vue magnifique, cet
Établissement réunit tous les avantages que l'on peut désirer. On traite
de gré à gré, suivant les besoins des personnes.

NOTA. Les omnibus de Passy (rue de Rivoli, 40) passent tous les quart
d'heure devant la Maison et correspondent avec les autres omnibus.

18, FAUBOURG POISSONNIÈRE, 18,

AU COIN DE LA RUE DE L'ÉCHIQUIER.

JEANNE

Comestibles. Desserts de premier choix. Thés. Chocolats. Liqueurs. Vins fins français et étrangers.

Seul Dépôt à Paris des Conserves de Fruits et Légumes
DÉSOBRY
Admises à l'Exposition Universelle.

39, BOULEVART SAINT-MARTIN, 39.

MAISON AVISSE
SPÉCIALITÉ POUR ENFANTS.

Fantaisie en tous genres.—Commission et Exportation.

10, Rue des Martyrs, 10.

BAUDRANT J^{ne}.

SPÉCIALITÉ DE BOUGIES. — PRIX DE FABRIQUE.

Pris par 5 kilos, 2 p 00 de remise.

Comestibles, desserts de table premier choix, etc. — Vins fins et ordinaires, en fûts et en bouteilles — Liqueurs.

EXCELLENT CHAMPAGNE A 2 FR. 50 LA BOUTEILLE ET AU-DESSUS.

A LA VILLE DE MONTPELLIER.

TARANNE, 28, boulevard Poissonnière, 28.

SPÉCIALITÉ DE SAUCISSONS D'ARLES ET DE LYON.

Jambons de Bayonne, Missons de Montpellier.— Anchois.—Thon.—Morilles.—Champignons secs.—Châtaignes blanches—Fonds d'artichauts.— Olives farcies.—Huile d'Aix—Tomates de Provence.— Merluches sèches Lentilles vertes.— Pois chiches.— Garbanzos.— Haricots de Marseille. — Pâtes d'Italie.— Fruits glacés.— Liqueurs.— Vins fins français et étrangers, etc., etc.— *Seul Dépôt de Nougat blanc de la fabrique d'Armand - Soubeyrand.* **Admis à l'Exposition universelle.**

M. PAUL SIMON, *Médecin-Dentiste de la Faculté de Médecine de Paris*, est **le seul** qui ait reçu **une mention honorable** à l'Exposition française de 1849 pour la perfection qu'il a apportée dans l'exécution de ses nouvelles dents et de ses nouveaux *Dentiers masticateurs*; il est aussi le SEUL DES DENTISTES DE FRANCE dont les produits aient été dignes de figurer *à l'Exposition universelle de Londres*; ces distinctions *SUFFISENT* pour **constater la supériorité** de ces nouvelles pièces *sur tout ce qui a été fait jusqu'à ce jour*: aussi il a été reconnu qu'avec les nouveaux Dentiers de **M. PAUL SIMON**, il n'y avait aucune souffrance à redouter; que l'imitation de la nature, la prononciation et la mastication ÉTAIENT PARFAITES.

On peut voir ces belles pièces chez l'Auteur, Boulevard des Italiens, 6.

ENGLISH MÉDICAL HALL.   PHARMACIE ANGLAISE.

WALSH,

Successor to the late **P. PARISS,**

28, PLACE VENDÔME, 28.

English Drugs and Chemicals. — Patent Medicines. — Only agent for Metcalfes Brushes. — Pariss, Pulmonic Cigarettes. — Cowland's. — Lotions Windsor soap.

Bas élastiques. — Gants électriques. — Cigarettes pulmoniques. — Essence de Salsepareille de la Jamaïque. — Pommade contre les Engelures. — Seul dépôt de Brosses à dents et à Cheveux de Metcalfes de Londres.

SESQUÈS,
BOTTIER,

Fournisseur de la maison des Légations de Portugal, d'Espagne, de la
Principauté de Moldavie, etc.

(Expédition pour la France et l'Étranger.)
24, RUE NEUVE-SAINT-AUGUSTIN,
PRÈS LE PASSAGE CHOISEUL.

AU PETIT FOUR.
DARDOUILLET-ACHARD,
CONFISEUR.

Spécialité pour Baptême, Bonbons, Sirops, Chocolats
et Compotes.
BOULEVARD DES ITALIENS, 17.

DOCTEUR HENOQUE,
MÉDECIN-DENTISTE,

Chevalier de la Légion d'Honneur.

361, *rue Saint-Honoré.*

MAISON CHAPPUIS,
RUE SAINT-DENIS, 285, AU PREMIER.

DESSINS pour Broderies en tous genres sur Étoffes et Échantillons.

Fabricant elle-même, elle peut donner à des prix très modérés les articles
les plus nouveaux, Alphabets et Dessins piqués, Mécanique et Papier
à piquer.

Envois en Province et à l'Étranger.

BRESSON-AUGER

ÉTOFFES ET RUBANS DE SOIE,

Mercerie, Passementerie pour Confections.

GROS ET DEMI-GROS.

353, rue St-Denis, 353,

DIRECTEMENT EN FACE CELLE TRACY.

A L'EMBARRAS DU CHOIX

37, BOULEVART SAINT-MARTIN (ANCIEN 25

Vis-à-vis la rue de Lancry.

Ancienne Maison LANCEL.

POUPION,

Successeur.

CHAUSSURES POUR HOMMES, DAMES ET ENFANTS.

PARIS.

23, Rue Neuve-des-Capucines, 23,

près le Boulevard.

CHARTON.

ADMIS A L'EXPOSITION UNIVERSELLE D'HORTICULTURE

QUATRE MÉDAILLES.

FRUITS, PRIMEURS ET COMESTIBLES.

19, Boulevard des Capucines, 19.

L. GENDOT.

FABRIQUE DE BOUGIES.

Spécialité de Fruits glacés, Thé, Chocolat, Sirops pour bals
et soirées, Liqueurs, Vins fins et étrangers.

AU GLANEUR.

TROUILLET LORDEREAU.

373, RUE SAINT-HONORÉ.

MERCERIE.—PASSEMENTERIE.—RUBANS ET DENTELLES.

RIBBONS AND LACE.

Plain, plaid and flowered — Silk Ribbons; — net, — Lace veils and crapes.

MERCERY.

Threads, — needles, — pins ser wing, — Embroidery and knitting cottons, — Laces worsted and tapes.

MILLINEREY.

Selling and trimming of straw — Bonnets — Making of Drawn — Bonnets, Caps and head — Bresses.

LACE MAKING.

Gallons — Fringes — Buttons to trim dresses — all sorts of velvet.

KID, SILK AND COTTON GLOVES. — ARTICLES OF PARFUMERY.

DÉPOT DE TABLEAUX TISSÉS EN SOIE.

6, GRANDE RUE TARANNE, 6.

ALBENQUE,

SUCCESSEUR DE M. MINET.

MAGASIN DE CHAUSSURES EN TOUS GENRES

POUR HOMMES, DAMES ET ENFANTS.

67, BOULEVARD SAINT-MARTIN, 67.

(En face la porte Saint-Martin.)

Mme A. MERCIER.

MODES.

COMMISSION.   EXPORTATION.

Faubourg Saint=Martin, 34.

PARIS.

Toussaint POTIER fils et Cie

ENCADREURS ET ÉDITEURS D'ESTAMPES,

Éditeurs des Œuvres d'A. CRONAU, *Jolies Fleurs et jolis Fruits.*

Fabrique de Cadres dorés (or fin), ronds, carrés, ovales, expédition de Gravures, nues ou encadrées, pour la Province et l'Exportation.

Vente à crédit par payement mensuel de 5, 10, 15, 20 ou 25 francs, suivant l'importance des commandes.

Correspondance spéciale avec Bordeaux, le département de la Gironde et les départements circonvoisins.

Faubourg Saint=Martin, 34.

PARIS.

Toussaint POTIER fils et Cie

FRAME MAKER AND PUBLISHER OF PICTURES

And of A. CRONAU'S work, "Fine Flowers and Fine Fruits".

Manufacturer of gilt frames (fine gold), in every form, round, square or oval; selling of pictures with or without frame for the province or export.

Paiement by monthly installements of 5, 10, 15, 20 or 25 francs, according to the importance of the invoice.

Special traffic with Bordeaux and the south of France.

A LA CULOTTE ANGLAISE,

RUE DE RICHELIEU, N° 71.

GEIGER,

Habillements et Guêtres de chasse et de voyage.— Paletots et Tabliers de chèvre de Russie. — Habillements de chasse et de voyage en peau de daim.— Pelleteries et Étoffes.— Spécialité de Chemises, Caleçons et Gilets de flanelle.— Fabrique de gants.—Grand assortiment de Cols-Cravates. — Foulards de soie et Mouchoirs de batiste. — Bretelles, Jarretières et Guêtres de toutes espèces. — Livrées pour domestiques.

COMMISSION. — EXPORTATION.

BEAUQUIS,

GRANDE FABRIQUE DE CHAUSSURES

EN GROS

Pour la France et l'Étranger.

SPÉCIALITÉ DE CHAUSSURES VERNIES ET DE FANTAISIE POUR HOMMES.

SEULE MAISON DE CE GENRE.

GRANDS MAGASINS DE CHAUSSURES AU DÉTAIL, PRIX DE FABRIQUE

Rue Sainte-Appoline, 7 et 9, à Paris,

ENTRE LES PORTES SAINT-DENIS ET SAINT-MARTIN

H. OZOUF.

30, 32, 36, Rue de Chabrol.

MAISON CENTRALE

Pour la fabrication des appareils à **Eaux gazeuses**
de tous les systèmes.

MAISON DE LA RELIGIEUSE.

245, *Rue Saint-Denis, près le passage du Grand-Cerf.*

MARIE SOUDANT.

Grand assortiment de Tapisserie et d'Ouvrages de fantaisie,
Crochets, Tricots, Filets, Mercerie, Passementerie, etc.

Spécialité pour les Communautés et Pensions.

DESSINS ET BRODERIES POUR DAMES.

AUX ARMOIRIES RÉUNIES.

Maison MESNILDROIT.

9, rue Tronchet, PRÈS LA MADELEINE.

Grand assortiment de dessins et broderies pour la province et l'étranger.

Méthode unique pour apprendre en moins de 24 heures à exploiter soi-même cette branche d'industrie des plus avantageuses, et offrant les plus beaux bénéfices

FABRIQUE DE CADRES DORÉS EN TOUT GENRE.

34, *Faubourg Saint-Martin, à Paris.*

TOUSSAINT POTIER, DANGER AINÉ ET CIE.

Éditeurs d'estampes, gravures coloriées ; spécialité de peinture fixée ;
cadres ronds, ovales, noirs, dorés, passe-partouts, etc.

COMMISSION. — EXPORTATION.

Magasin aux 1,500 comptoirs de l'Exposition, galerie F, 419.

MAISON DE SANTÉ POUR DAMES.

8, RUE BALZAC (CHAMPS-ÉLYSÉES).

Madame RENARD, Propriétaire.

JARDIN.

VILLA D'ACCOUCHEMENT.

SANS AUCUN SIGNE EXTÉRIEUR.

12, rue Chateaubriand (Champs-Élysées).

JARDIN.

Directrice : Mme RENARD LAURENT, de la Faculté,
ÉLÈVE DE MM. DUBOIS ET LISFRANC.

AU FLACON D'OR.

FABRIQUE DE PARFUMERIE FINE.

BRUNET.

Grand choix d'Éventails anciens et modernes. — Spécialité de Ganterie premier choix. — Gros et détail.

1, rue Geoffroy-Marie, Fg-Montmartre.

AUX NOUVELLES MALLES-POSTES.

29, rue Richelieu, près la Fontaine-Molière.

ROYÉ,

LAYETIER-COFFRETIER-EMBALLEUR,

Emballage des objets les plus fragiles en toile grasse, maigre et cirée.

GRANDE SPÉCIALITÉ D'ARTICLES DE VOYAGE POUR HOMMES ET DAMES.

Solidité. — Élégance — Prix modérés.

Admis à l'Exposition universelle de 1855.

NAPOLÉON GAILLARD.

BREVET DE 15 ANS, S. G. D. G.

SPÉCIALITÉ DE CHAUSSURES

POUR CHASSE AU MARAIS.

Chaussure mélangée, Cuir et Gutta-Percha.

IMPERMÉABILITÉ.

(BREVETS A CÉDER POUR LA FRANCE ET L'ÉTRANGER.)

18, FAUBOURG SAINT-MARTIN.

F. NAREY et Cie.

SOIERIES ET HAUTES NOUVEAUTÉS.

Spécialité de Tissus de fantaisie et de luxe.

DESSINS ET ARTICLES EXCLUSIVEMENT RÉSERVÉS.

Rue de Grammont, 7.

A SAINT-LOUIS,

33, RUE DE LA CHAUSSÉE-D'ANTIN, 33,

PRÈS LA RUE SAINT-NICOLAS.

CHARLES LEVESQUE,

MERCERIE, RUBANS DE SOIE, PASSEMENTERIE,
GANTERIE,

NOUVEAUTÉS.

English spoken.   Qui si parla Italiano.

LABRUGUIÈRE,

201,

Rue St-Martin, à Paris.

COIFFURES POSTICHES

DU PLUS BEAU NATUREL.

Nouvelles inventions

TEINTURES DE CHEVEUX
nec plus ultra

Eau prodigieuse pour la croissance et la régénération de la chevelure.

22, RUE NEUVE-DES-CAPUCINES, 22.

AUX CAPUCINES.

Lingeries, Broderies, **SPÉCIALITÉ** Toiles et Calicots.

CHEMISES DE MOUSSELINES

et Cravates. **BLANC.** brodées et brochées.

NEVEU ET SOEUR.

36, Rue Laffitte, 36,

L. FOUQUET,

SPÉCIALITÉ DE FRUITS CONFITS.

Confitures, Compotes, Fruits à l'Eau-de-Vie, Articles de Dessert de premier choix.

VINS FINS ET LIQUEURS.

26, RUE DES MARTYRS, 26.

MORICEAU.

(BREVETÉ S. G. D. G.)

Invention du Filtre mobile à Charbon, s'adaptant à toutes les fontaines quelle qu'en soit la forme, donnant à l'heure 50 litres d'eau clarifiée et épurée de toute matière nuisible à la santé.

DÉPOT DE POTERIES EN GRÈS DE TOUT GENRE POUR FONTAINES.

(2 MÉDAILLES D'ARGENT ET 1 DE BRONZE).

Admis à l'Exposition universelle.

BRIANT,

FABRICANT DE CONSERVES ALIMENTAIRES.

SPÉCIALITÉ pour les petits Pois --- Haricots flageolets. -- Haricots verts. — Champignons au naturel. — Tomates. — Choux de Bruxelles — Fèves de marais. — Celeri au naturel. — CARDONS D'ESPAGNE. — Fonds d'artichauds --- QUARTIERS D'ARTICHAUTS. --- ASPERGES BLANCHES. --- Champignons tournés et cannelés. -- Truffes en boites et en bouteilles. --- Sardines à l'huile. --- Gélatines. --- Foies gras en boites. --- Compotes de fruits de toutes sortes, etc., etc., etc.

32, PLACE DU MARCHÉ SAINT-HONORÉ, 32.

ORFÉVRERIE CHRISTOFLE,

ARGENTÉE ET DORÉE PAR LES PROCEDÉS ÉLECTRO-CHIMIQUES.

MAISON DE VENTE,

20, Boulevard des Italiens, 20.

PAVILLON DE HANOVRE.

EXPOSITION PERMANENTE DES PRODUITS

DE LA FABRIQUE DE **Ch. CHRISTOFLE** ET Cie.

ORFÉVRERIE CHRISTOFLE.

AUX PETITS GOBELINS.

PASSAGE DE L'OPÉRA, N°s 24 ET 26.

Mme COUFOURIER.

TAPISSERIES ET OUVRAGES DE DAMES.

Madame Azy Bérenger.

TOILES CIRÉES

BREVETÉES.

54, Rue de Rambuteau, 54.

RESTAURANT BONNE-NOUVELLE.

DUJARDIN,

Ancienne Maison Provost.)

36, BOULEVARD BONNE-NOUVELLE, 36,

Près le Théâtre du Gymnase.

JAMES.

PORTRAITS EN MINIATURE

ET A L'HUILE.

Retouches et Coloriage de Photographie.

2, RUE BASSE-DU-REMPART, 2.

𝕻arfumerie et 𝕾avons de 𝕿oilette.

(Médaille de prix a l'Exposition universelle de Londres)

ANCIENNE MAISON GELLÉ FRÈRES.

GELLÉ AINÉ, SEUL SUCCESSEUR,

PARFUMEUR, CHIMISTE, SAVONNIER.

Paris. — Rue des Vieux-Augustins, 35.

PRÈS LA PLACE DES VICTOIRES.

USINE MODÈLE A VAPEUR,

A NEUILLY-SUR-SEINE,

près la porte Maillot et le bois de Boulogne

Fabrication de Savons de Toilette.

COMMISSION. — EXPORTATION.

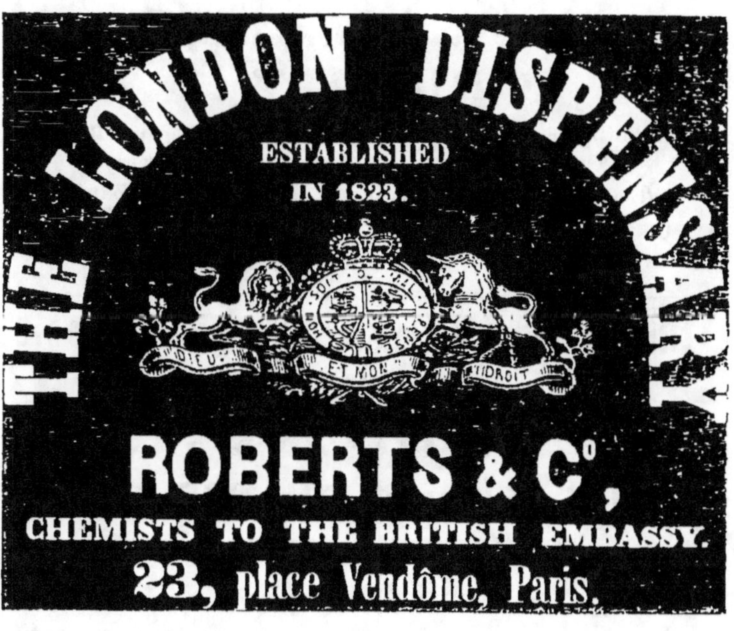

MAISON DE SANTÉ POUR DAMES.

8, RUE BALZAC, 8.

Champs-Elysées. Paris.

Cette MAISON, la première de la Capitale, fondée il y a douze ans, sous le patronage de célèbres médecins et chirurgiens de l'École de Médecine et des hôpitaux de Paris, Poitiers, Tours, Lyon, Nancy, Bordeaux, est surtout bien précieuse pour les dames étrangères et de la province, qui, n'osant pas avouer leur maladie, meurent souvent sans avoir été traitées.

Elles trouvent dans cette Maison tout le confortable qu'elle exige; son étendue permet d'y recevoir les Dames dans toutes les positions de fortune (elles peuvent se faire traiter par leur médecin).

Les maladies utérines sont traitées par la directrice de la MAISON DE SANTÉ, **Madame RENARD**, Lauréat de la Faculté de Médecine de Paris, élève de **MM. Paul DUBOIS et LISFRANC**, etc., etc., etc.

Les Consultations ont lieu tous les jours de 1 à 4 heures; le soir de 7 à 9.

Voiture, Piano, Bibliothèque, Journaux français et étrangers.

Des Domestiques anglais et allemands sont attachés au service des Dames étrangères.

AUX TROIS SINGES VERTS.

DARBO,

86, Passage Choiseul, 86,

À L'ENTRÉE, CÔTÉ DU BOULEVARD.

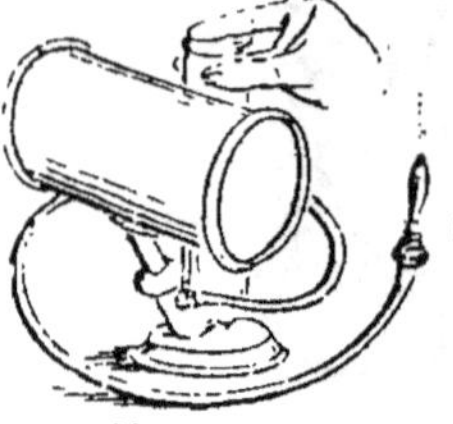

Clyso monté.

MÉDAILLE

DE L'EXPOSITION

de 1849.

MÉDAILLE

DE LA SOCIÉTÉ

d'encouragement.

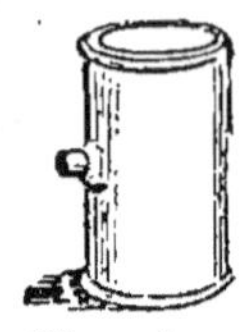

Clyso dans
sa boîte.

EXPOSITION UNIVERSELLE DE LONDRES ET DE PARIS 1855.

BREVET DE 15 ANS. S. G. D. G.

Nouveau CLYSO-TROUSSE de Voyage et de Nécessaire, plus petit qu'une lorgnette de poche, ayant plus de force dans son jet continu qu'un instrument plus volumineux, se plaçant dans une cuvette ordinaire, fonctionnant par la pression d'un seul doigt, pouvant absorber une quantité d'eau illimitée, recommandée pour les grandes Injections médicales.

Inventé par l'auteur des **BIBERONS DARBO** et des **bouts de seins** pour fermer ou guérir les crevasses des **tire-lait** ou **téterelles**, des **pompes jumelles** pour irrigation, des **bidets** de voyage, etc., etc.

M. **DARBO** surpasse par la supériorité de ses produits tous les contrefacteurs qui ont cherché à l'imiter.

Tous les Biberons, Bouts de Seins, Mamelons et Flacons qui ne porteront pas le nom de **DARBO** sont des contrefaçons.

A SAINTE GENEVIÈVE.

RUE DE SEINE, 48, ET RUE JACOB, 2.

JULES BONNET.

Épiceries fines, Bougies de toutes fabriques. Thés, Chocolats, Sirops, Liqueurs.

Spécialité de Vins fins et ordinaires.

DÉPOT DE CHAMPAGNE DEPUIS 2 FR. 50 C. ET AU-DESSUS.

BRISSAUD,

21, RUE DE LA CHAUSSÉE-D'ANTIN, 21.

SPÉCIALITÉ DE BLANC,

Trousseaux, Layettes, Chemises, Broderies en tous genres,
Toiles fines, Calicots, Percales, Mousselines, etc., etc.

RAULIN,

BOTTIER.

Chaussures pour hommes. — Bottes vernies. — Brodequins.
Souliers de chasse et de fantaisie.

42, GALERIE VIVIENNE, 42.

BOURDIN,

HORLOGER,

28, RUE DE LA PAIX, 28.

PARIS.

English spoken.

Une des MERVEILLES que l'Exposition a attirées à
Paris parmi les objets d'art est sans contredit

LE PLAN EN RELIEF DES PYRÉNÉES CENTRALES,

ouvert au public tous les jours de 10 à 6 heures du soir,
BOULEVARD DES CAPUCINES, 39, à l'entresol.

Prix d'entrée : 1 fr. et 3 fr. les vendredis.

AUX PANORAMAS.

REDON Père et Fils.

Fabrique de Gants.

SPÉCIALITÉ DE GANTS PIQUÉS A L'ANGLAISE

à 2 fr. 25 c. la paire.

GANTS A 2 FR. PREMIER CHOIX.

11, Boul. Montmartre, 11.

A SAINT EUGÈNE.
MAISON SPÉCIALE DE DEUIL.
J. FRAIZE.
31, FAUBOURG POISSONNIÈRE, 31.
PARIS.

HUGON,
Café Royer de Chartres.

Fabrique de Chocolats. — Thés. — Conserves alimentaires.
— Comestibles. — Liqueurs. — Vins fins français et
étrangers.

321, RUE SAINT-HONORÉ, 321,
Près l'église Saint-Roch et les Tuileries.

AU GÉNIE PROTECTEUR.

FABRIQUE ET MAGASIN
DE TOILE CIRÉE.
TAFFETAS GOMMÉ.

FABRIQUE :
10, route de St-Ma, dr,
A CHARONNE.

Passage Bourg-l'Abbé, 57 & 59.
ET RUE BOURG—L'ABBÉ, 21.

DÉPOT :
31, rue Rambuteau.
A PARIS

ÉTOFFE BÉRANGER.
BREVET D'INVENTION *sans garantie du gouvernement.*

264, rue Saint-Denis, 264.

A. GALTIER.

FABRICANT DE GANTS DE TOUTES QUALITÉS.

MAISON DE DÉTAIL.

2, PLACE VENDÔME, 2.
Près la rue Saint-Honoré.

COMMISSION — EXPORTATION.

FABRIQUE DE PARIS.   DÉPOT DE PROVINCE

FABRIQUE DE CADRES ET PASSE PARTOUT.

COMMISSION.

V. SOURDOT et Cie,

EXPORTATION.

10, RUE DES FRANCS-BOURGEOIS au Marais.

LABORATOIRE DE CHIMIE, dirigé par M. CLERET, Chimiste,

151, RUE MONTMARTRE. PARIS.

BAGUETTES BLANCHES ET VERNIES. — CADRES OVALES ET COINS RONDS.

ATELIER DE DORURE.

Assortiment de Passe-Partout sur toutes les mesures de Toiles et de toute forme ---
Appareils pour Portraits et Vues de toute dimension. — PLAQUES. — PRODUITS CHIMIQUES.
— ÉCRINS. — MÉDAILLONS. — BROCHES. — Et tous Accessoires de Daguerréotype.

NOTA. Tous nos Produits sont de premier choix et aux prix les plus modérés.

AUX DAMES DE PARIS

12, rue de la Chaussée-d'Antin.

Madame GIRARD.

Gants Jouvin, Gants de Suède, Chevreau et Fil d'Écosse. — Rubans riches, Nouveautés. — Bourses. — Tours de Têtes. — Coiffures. — Voilettes. — Galons. — Effilés. — Boutons de fantaisie. — Crêpes. — Tulles. — Dentelles. — Guipure. — Blondes. — Spécialité de Garnitures pour Robes. Fichus. — Écharpes. — Velours unis et façonnés. — Fleurs. — Mercerie. — Passementerie, Crinoline, etc.. etc.

SPÉCIALITÉ DE COMESTIBLES.

BAILLE & Cie,

6, RUE D'HAUTEVILLE, près le boul. Bonne-Nouvelle.

Huiles. — Fruits secs et frais. — Produits méridionaux de toute espèce. — Vins fins français et étrangers. — Kirch. Eau-de-Vie, etc.

VÉRITABLES LIQUEURS DE LA MARTINIQUE.

Grand choix de RHUMS des colonies françaises et anglaises.

Saucissons d'Arles, de Lyon et de Brunswick.

SEUL DÉPOT A PARIS

des Terrines de THON frais de la Méditerranée.
préparées par SIFILOT, de Marseille.

et des TERRINES DE MERLES DE CORSE.
préparées par L. GUIDON, d'Ajaccio,

(ADMISES A L'EXPOSITION UNIVERSELLE DE 1855.

Fabrique de Parfumerie supérieure,

DELABRIERRE-VINCENT,

Rue du Bac, 55, à Paris.

Depuis plus de 70 ans cette maison continue à jouir de la faveur et de la confiance de la clientèle la plus riche et la plus distinguée de la France et de l'étranger.

A tous les articles de Parfumerie d'une qualité éminemment supérieure, on trouve joint une riche collection d'Éventails anciens et modernes, ainsi que tous les objets se rattachant à la toilette, dans le premier choix et du meilleur goût.

Nous recommandons aux consommateurs les articles suivants, qui ne se trouvent que dans cette maison :

La CRÈME DE LYS, pâte pour blanchir et adoucir la peau ;

Le COMIGÈNE-GROU, pour arrêter la chûte et la décoloration des cheveux ;

La COMPOSITION ANTI-SCORBUTIQUE, eau pour conserver les dents, raffermir les gencives et les maintenir dans leur fraîcheur naturelle ;

Le SAVON DE CRÈME DE LYS, précieux pour la toilette ;

L'EAU DE LYS, contre les taches de rousseur.

MANUFACTURE DE PAPIERS PEINTS.

S. DESSAUCES.

MAISON SPÉCIALE.

Très-grand choix de Papiers du meilleur goût, depuis les Papiers le meilleur marché jusqu'aux tentures les plus riches. Papiers pareils aux étoffes. Gros et détail. Décorations en tous genres.

35, Rue Louis-le-Grand, 35.

75, RUE SAINT-LAZARE, 75,

VIS-A-VIS LA RUE BLANCHE.

GYMNASE DU MONT-BLANC,

A l'usage des Adultes et des Enfants des deux sexes,

Dirigé par **A. TARLÉ**, D' du Gymnase des Bains de mer de Dieppe,
Élève et Successeur de M. CLIAS.

Méthode honorée d'une mention honorable au prix Monthyon.

Les Leçons sont données suivant les besoins et la constitution des élèves.

PARDÜTZ et SCHÜTZ,

TAILLEURS.

HABITS FINS. — SPÉCIALITÉ DE PANTALONS.

11, rue Villedo,

DANS LA RUE RICHELIEU, PRÈS LA FONTAINE MOLIÈRE.

DENRÉES COLONIALES.

13, RUE TRONCHET, PRÈS LA MADELEINE.

BLANCHET.

Articles anglais, Comestibles, Desserts de premier choix,
Sirops, Fruits glacés, Conserves alimentaires, Liqueurs,
Vins fins français et étrangers.

THÉ. — FABRIQUE DE CHOCOLAT.

R. CAILLET.

MERCERIE, PASSEMENTERIE, RUBANS DE SOIE.

Tapisserie en tous genres.

Tulle. — Crêpes. — Dentelles. — Nouveautés. — Ganterie
de toutes sortes.

RUE NEUVE-DES-MATHURINS, 78,

Au coin de la rue de la Ferme-des-Mathurins, en face la rue Tronchet.

EXPOSITION UNIVERSELLE.

VOYAGE A BON MARCHÉ A PARIS

PENDANT L'EXPOSITION.

Moyen de s'assurer contre la difficulté de se loger et contre le renchérissement des Appartements et des Vivres

L'Agence générale des Visiteurs de l'Exposition, rue de Rivoli, 51, arrête à l'avance, et à des prix modérés, des places dans les maisons meublées, hôtels, restaurants, etc., moyennant une prime de commission de **20 francs.**

Adresser de suite les demandes avec l'indication approximative du quartier qu'on veut habiter et de la dépense qu'on veut faire. Le montant de la prime, en mandat sur la poste ou en bon sur Paris, doit accompagner la demande. Écrire *franco* à M. ANTONIN DELBREIL, directeur de l'**Agence.**

En raison de l'affluence attendue des visiteurs, plus tôt on donnera sa commission, plus il sera facile de la remplir pour la convenance du logement et pour son prix.

L'Agence traite à forfait avec les personnes qui veulent fixer, avant de quitter leur domicile, ce qu'elles devront dépenser à Paris.

Le taux des abonnements varie suivant la durée et le confortable désiré pour les appartements et la nourriture.

1° Un mois de séjour avec luxe. . . . . 500 fr.	Logement seul. . .	150 fr.
2° Un mois de séjour très-confortable. 300	—	. . 125
3° Une quinzaine très-confortable. . . . 200	—	. . 70
4° Une quinzaine, dépense ordinaire. . 100	—	. . 40
5° Une semaine. —	55	—	. . 20

Quelle que soit l'époque à laquelle doit se réaliser le voyage, les abonnements doivent être pris le plus promptement possible. Le souscripteur donnera avis plus tard du jour de son arrivée. — Le quart de l'abonnement souscrit doit être envoyé avec la souscription *franco.* — Si le souscripteur était empêché de réaliser son voyage, il pourrait céder son abonnement.

On recevra avec la réponse un exemplaire du *Guide général dans Paris,* orné de gravures.

L'Agence procure à ses abonnés des cartes d'entrée au **PALAIS DE L'INDUSTRIE,** aux théâtres, spectacles et monuments curieux ; elle leur donne renseignements, conseils et concours de tout genre, pour satisfaire leur curiosité, faire leurs affaires, effectuer leurs emplettes à bon marché, etc.

271, RUE SAINT-DENIS, 271.

DAMOUR.

SPÉCIALITÉ DE RUBANS DE SOIE.

Les Articles de cette Maison, dont beaucoup figurent à l'Exposition, sont tous sa propriété exclusive.

Très-grand choix de larges Rubans pour Écharpes et pour Ceintures longues (PRIX DE FABRIQUE).

Gros. — Détail. — Exportation.

PARIS.

AU BON GÉNIE.

311, Rue Saint-Denis, 311.

MAISON CHAUVIN.

RUBANS ET PASSEMENTERIES.

Gros, Demi-Gros et Détail.

Magasin spécial au 1er

POUR LA VENTE DES RUBANS DE SOIE EN GROS.

COMMISSION. — EXPORTATION.

Cette Maison, située au centre des affaires de gros, et traitant directement en fabrique, offre un grand choix de Rubans pour Robes et Lingerie.

CHEVET,

LOUIS,

Membre de l'Académie impériale.

Dépositaire du CAFÉ ROYER DE CHARTRES

ET AUTRES PRODUITS ALIMENTAIRES RENOMMÉS DE DIVERS PAYS.

GAGNE, GRIGNÉ & CIE,

LIBRAIRES,

Rue et passage Dauphine, 30, à Paris.

AGENCE GÉNÉRALE ET SPÉCIALE

Pour la vente avec de grandes facilités de paiement de tous les Livres de Médecine, de Jurisprudence, de Sciences, de Littérature, d'Architecture, etc.

A tous ceux qu'il importe de posséder les livres qui sont pour eux des instruments de travail, nous venons les offrir à des conditions qui en rendent facile pour eux l'acquisition immédiate. Ces ouvrages leur sont livrés neufs, complets, et dans le meilleur état, sur demande affranchie, aux conditions suivantes :

1° Pour une demande s'élevant à **cent francs,** deux règlements : l'un à six mois et l'autre à un an ;

2° Pour une demande de **deux cents francs,** quatre règlements : le premier à six mois et les autres de six mois en six mois ; paiement en deux années ;

3° Pour une demande de **trois cents francs,** paiement en trois années, toujours de six mois en six mois.

Et ainsi jusqu'à cinq années, notre crédit ne pouvant sans inconvénient s'étendre au delà de ce terme.

Les personnes qui désirent recevoir *franco* des Catalogues complets de Littérature, de Médecine, de Jurisprudence, etc., pourront nous en adresser la demande *franco aussi* en l'accompagnant de 5 timbres-poste de chacun 20 centimes.

VIOLARD,

DENTELLES ET BLONDES,

Rue de Choiseul, 4.

PARIS.

CHOCOLAT BOREL ET KOHLER.

USINES { 14, ROUTE DE FLANDRES (*Seine*).
A LAUZANNE, A SAUVABELIN (*Suisse*).

SPÉCIALITÉ

DE CHOCOLAT MEXICAIN,

Dépôt central : 25, rue de Rivoli.

A LA BELLE ÉPONGE.

Ancienne Maison Mougin.

Parfumerie et Brosserie fine.—Articles de Toilette en général.

EAU DE QUINQUINA pour arrêter la chûte des cheveux,

Par **DORCES**, Parfumeur.

27, Boulevard des Capucines, 27.

AU PHARE.

DENRÉES COLONIALES.

27, rue Taitbout (CHAUSSÉE-D'ANTIN).

G. LAVELLE.

Épicerie fine, Thés, Cafés, Bougies, Chocolats, Sirops,
Liqueurs, Vins fins français et étrangers.

DENTIERS DARBOVILLE.
ANTI-GÉLINITE.

Déjà breveté pour ses DENTIERS à **bases monoplasti-ques** (garantis par écrit pour 10 ans), M. **D'ARBOVILLE** vient d'obtenir un nouveau Brevet pour une préparation dite **anti-gélinite**, qui a pour effet d'annuler complètement l'action destructive de la salive sur les dentures naturelles ou artificielles, les empêche de jaunir, de s'altérer et les pénètre d'un parfum doux et durable.

PRIX DE LA BOITE : 5 FR.

DARBOVILLE,

1, RUE DU HELDER, Boulevard des Italiens.

DE 10 HEURES A 4 HEURES.

Dépôt chez tous les Parfumeurs.

ADMIS A L'EXPOSITION UNIVERSELLE DE 1855.
APPAREILS BREVETÉS S. G. D. G.
pour faire soi-même
TOUTES ESPÈCES DE BOISSONS GAZEUSES.
Mme Vve COCHAUD.
APPAREILS DE PHARMACIE
Pouvant gazer deux à trois cents bouteilles par jour.
23, Boulevard Poissonnière, 23.

CHOUMARA JEUNE.

SPÉCIALITÉ DE VINS FINS FRANÇAIS ET ÉTRANGERS.

Comestibles et Articles du Midi.

12, Place de la Bourse, 12,

ET RUE FEYDEAU, 13.

MME V^E RICHENET - BAYARD.

AU CHEVALIER BAYARD.

RUE SAINT-DENIS, 400, PRÈS LA PORTE SAINT-DENIS.

Fabrique de Passementerie pour ameublement, Modes
et Nouveautés.
Rubans, Velours, Mercerie et Tapisserie.

AU NAIN BLEU.
Boulevard des Capucines, 27.

CHAUVIÈRE - TRANCHANT.

GRAND MAGASIN DE JOUETS D'ENFANTS.

TRAVERS.
GRANDE SPÉCIALITÉ DE GARNITURES
POUR ROBES ET CONFECTIONS
GALONS, EFFILÉS, RUBANS ET VELOURS.
GROS ET DÉTAIL.
293, *rue Saint-Denis*, 293.

HOTEL DU PARC.
32, Rue Saint-Lazare.
MAISON GUGENHEIM.
LOUEUR DE VOITURES DE REMISE
AU MOIS, A LA JOURNÉE ET A L'HEURE
à un et deux chevaux,
COUPÉS ET CALÉCHES.

DENTELLES.

37, RUE LOUIS-LE-GRAND, 37.

Près le boulevard des Italiens.

PARIS.

Aug^{te} RICHNER,

FABRICANT DE DENTELLES ET D'APPLICATIONS

A Bruxelles.

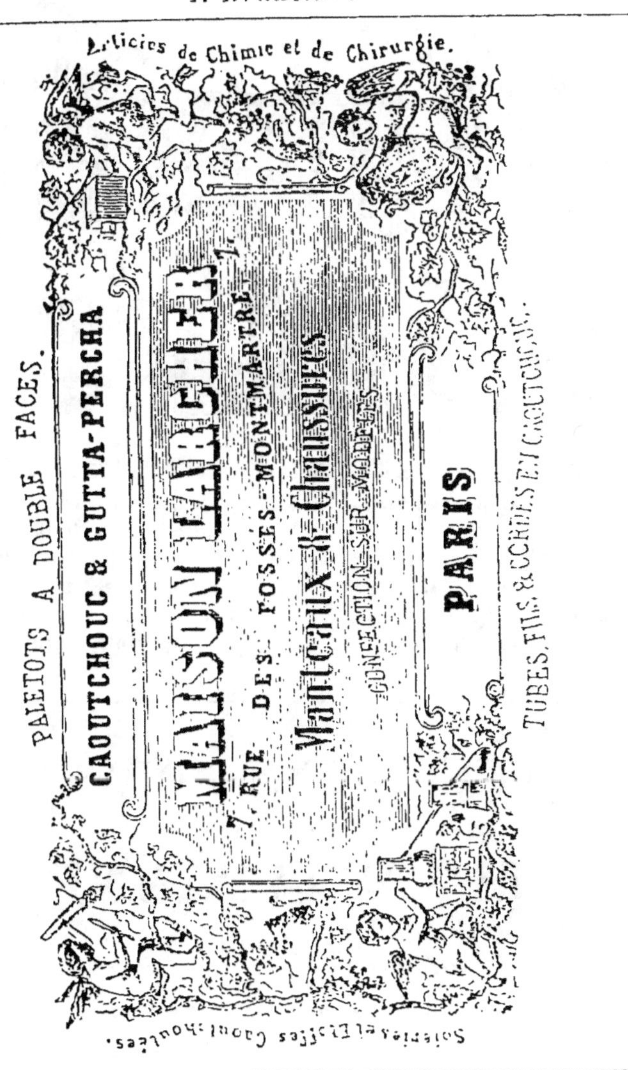

HOTELS.

HOTEL MANCHESTER,
rue de Grammont, 1,
*près la Bourse et le boulevard
des Italiens,*
Tenu par G. DEVY.
Grands et petits Appartements
fraîchement meublés.

MANCHESTER HOTEL,
1, Grammont street,
*quite Near the Italian boulwark
and the Exchange.*
Kept by G. DEVY.
Large and small Apartments to let
elegantly furnished.

PARIS.

HOTEL BONNE-NOUVELLE,

TENU PAR

Mme Vve LAISNÉ,

36, Boulevard Bonne-Nouvelle, 36,

PRES LE GYMNASE, A PARIS.

AU CHATEAU D'EAU.

HOTEL BELLEVUE,

Tenu par Madame MALPEYRE,

78, BOULEVARD DU TEMPLE, 78.

Appartements et Chambres meublés.

CERCLE, CAFÉ, RESTAURANT, ATTACHÉS A LA MAISON.

OUVERTURE

DU GRAND HOTEL DE PARIS.

Tenu par M. BIEUVELET.

Grands Appartements et Chambres meublés. Café-Brasserie
attaché à la maison.

74, BOULEVART DE STRASBOURG 74,

Près l'embarcadère du chemin de fer.

GRAND HOTEL D'ALBION ET DES PAYS-BAS

RUE DU BOULOI, 20,

Tenu par **Louis DUPONT**, ancien Capitaine de Bateaux à vapeur
sur la Saóne, propriétaire du GRAND HOTEL D'ALBION ET DES
PAYS-BAS, près le Palais-Royal et les Tuileries.

On trouve dans cet Hôtel, nouvellement décoré avec tout le confortable
désirable, de grands et petits Appartements et des Chambres seules. —
Service particulier.

TABLE DE FAMILLE à 5 h. 1|2 DU SOIR.

Salon de Société.

HOTEL DE L'ALMA,

Tenu par M. DELAMARE.

Grands Appartements et Chambres meublés.

RUE DE L'ALMA, 15,

Près le Boulevard des Capucines.

GRAND HOTEL DE LA HAVANE,

44, RUE DE TRÉVISE, 44,

Au coin de la rue Bleue,

TENU PAR Mlle E. MORIN.

GRANDS APPARTEMENTS ET CHAMBRES MEUBLÉS.

DÉJEUNERS ET DINERS A VOLONTÉ.

TABLE D'HOTE A 6 HEURES.

GRAND HOTEL DE FRANCE,

TENU PAR

Mme SUDRE-SCHARVOGEL.

Appartements avec Cuisine au jour et au mois. — Chambres et Cabinets de garçon. — Appartements confortables à prix moderes.

48, RUE NEUVE-DES-PETITS-CHAMPS, 48.

près les Tuileries et le Palais-Royal.

PARIS. ON PARLE ANGLAIS, ITALIEN ET ALLEMAND. PARIS.

HOTEL

DU

BOULEVARD DE STRASBOURG.

Chambres et Appartements meublés.

22, Boulevard de Strasbourg, 22.

PARIS.

HOTEL BERGÈRE,

Rue Bergère

TENU PAR M. BEURDELEY.

TABLE.

E.

S.

TABLE

MAISONS INSÉRÉES DANS CE VOLUME.